Paul Haentjes

Lieber Engel ...

Briefe und Bilder

aus Köln 1946-48

Paul Haentjes

Lieber Engel ...

Briefe und Bilder
aus Köln 1946-48

EDEL : MOMENTI

Paul Haentjes im August 1948 im zerstörten Köln.
Im Hintergrund wehen Kirchenfahnen anlässlich des Domfestes.

Engelbert Gorius

– – –

TRÜMMERLAND
von Mathias Haentjes

–

»Als wir Köln wiedersahen, weinten wir.
Das zerstörte Köln hatte, was das unzerstörte
nie gehabt hatte: Größe und Ernst.«

Heinrich Böll

Köln nach dem Zweiten Weltkrieg. Die größte Stadt Westdeutschlands liegt in Trümmern. Die Innenstadt ist zu 90% zerstört, die Vororte sind es kaum weniger und alle Rheinbrücken gesprengt. Die Besatzer, zuerst waren es die Amerikaner, nun sind es die Briten, haben zwei Behelfsbrücken errichtet. Durch die Straßen laufen Menschen, die mit den existenziellen Dingen des Lebens beschäftigt sind: Wo sind meine Lieben, meine Freunde geblieben? Wie bekomme ich etwas zu essen? Wie mache ich meine Wohnung wieder bewohnbar? Wo gibt es Heizmaterial?

Paul Haentjes' Briefe aus der Trümmerstadt Köln führen uns zurück in die verschütteten Straßen der Rheinmetropole. Sie schildern eindringlich, mit scharfer Beobachtungsgabe und großem Detailreichtum, den deutschen Nachkriegsalltag zwischen 1946 und 1948.

Die bedingungslose Kapitulation des Deutschen Reiches am 8. Mai 1945 bedeutete die Aufhebung aller übergreifenden staatlichen Strukturen. Die Sieger teilten Deutschland in vier Zonen, in denen nur die Kommunen als Einheiten einer sehr beschränkten deutschen Selbstverwaltung bestehen blieben. Der Oberbürgermeister der in der britischen Zone gelegenen Stadt Köln wurde von der Militärregierung eingesetzt. In den Jahren 1946 bis 1948 ist es der Christdemokrat Hermann Pünder, der dem »wegen Unfähigkeit« entlassenen Konrad Adenauer folgte.

Das politische Leben steht also unter Kuratel und so ist es kein Wunder, dass im katholischen Rheinland die Kirche eine ganz besondere Rolle spielt. Josef Kardinal Frings, der Erzbischof von Köln, übernimmt die Rolle eines Volkstribunen. Unabhängig von den Besatzern kann er die Bedürfnisse der Bevölkerung artikulieren, Perspektiven für den Wiederaufbau aufzeigen und auch unbequeme Punkte ansprechen, wie die Frage nach der Rückkehr der Kriegsgefangenen, die in diesen Briefen an einen Freund in Gefangenschaft eine besondere Rolle spielt.

Frings' Einsatz für die Belange der Bevölkerung wird legendär, als er in der Silvesterpredigt am 31.12.1946 den hungernden und frierenden Menschen, die regelmäßig die Kohlenzüge der Besatzungsmächte plündern, den Rücken stärkt: »Wir leben in Zeiten, da in der Not auch der einzelne das wird nehmen dürfen, was er zur Erhaltung seines Lebens und seiner Gesundheit notwendig hat, wenn er es auf andere Weise, durch seine Arbeit oder durch Bitten, nicht erlangen kann.« Das Wort »fringsen« geht in den deutschen Sprachschatz ein.
Der Hungerwinter 1946/47 ist in diesem Chaos-Jahrzehnt neben den Bombennächten der Kriegsjahre wohl die härteste Belastung der Deutschen. Die Ursachen für diese Versorgungs-Katastrophe, die eine unbekannte Anzahl an Opfern forderte, sind vielfältig. Zum einen sind da die direkten Auswirkungen des Krieges und der Zerstörung:

Die Äcker blieben unbestellt, weil die Bauern im Krieg oder in Gefangenschaft waren. Die Zwangsarbeiter, die in der NS-Kriegswirtschaft eine wesentliche Rolle gespielt hatten und gerade auch auf dem Land unentbehrlich waren, sind befreit und wieder in die Heimat geschickt worden.

Die Verteilung der wenigen landwirtschaftlichen Produkte ist das nächste Problem. Die Infrastruktur ist schwer beschädigt. Es mangelt an Fahrzeugen und Waggons. Eisenbahnlinien werden erst langsam repariert, Brücken nur behelfsmässig wieder aufgebaut. Dazu kommt der Kohlenmangel, das zentrale Wirtschaftsproblem der Nachkriegsjahre. Die Förderung des Energierohstoffes Nummer eins liegt weit unter dem Vorkriegsnvieau. Auch hier fehlt es an Arbeitern, auch hier hapert es mit der Verteilung. Mit einem besonderen Entlohnungssystem, den »Bergmannspunkten«, wollen die Behörden und Unternehmen neue Bergarbeiter an die Ruhr locken. Doch nur langsam kommt die Produktion wieder in Gang. Und so ist der Hungerwinter 1946/47 auch ein Winter des Frierens.

Der andere Grund für die Versorgungskrise ist die galoppierende Geldentwertung.
Das Zwangssystem der Kriegswirtschaft besteht weiter. Wer Essen kaufen will, braucht Lebensmittelkarten. Doch auf die Karten gibt es nur wenig, denn die eigentlich immer noch gültige Reichsmark will niemand mehr haben.

Mit dem Einmarsch der Besatzer war eine neue Währungseinheit aufgekommen, die Zigarette. Während also offiziell nichts zu haben ist, wird unter dem Ladentisch oder auf dem offenen schwarzen Markt alles gehandelt, was gebraucht wird. Aber nur gegen Sachwerte: Von Möbeln über Uhren und Schmuck bis hin zu Chesterfield oder Camel.

Aber auch Eigentum gilt nicht viel. Das muss jeder Deutsche in diesen Jahren erfahren. Wie schnell wird man bestohlen oder beraubt. Im Kampf ums Überleben wird mit harten Bandagen gekämpft. Auf dem Schwarzmarkt blühen dunkle Geschäfte jeder Art. Betrüger lauern an jeder Ecke, und in den Seitenstraßen und Bunkerunterkünften blüht die Armutsprostitution.

Im Frühjahr 1947 werden die Rationen nochmals gesenkt. Die Folge sind Hungerdemonstrationen in der ganzen britischen Zone. Zu Tausenden ziehen die Menschen durch die Straßen, in Hamburg, Essen, Düsseldorf und auch in Köln. Sie fordern höhere Zuteilungen von den deutschen Politikern und von den Besatzern. Auch der Briefschreiber Haentjes ist wütend: »Entscheidendes zur Besserung unserer Lage können wir Deutschen nicht veranlassen, wir sind weiterhin auf die Gnade der Besatzung angewiesen; und wie es damit bestellt ist, haben wir, leider Gottes, in nun bald zwei Jahren zur Genüge erfahren.«

Das Trümmerland Deutschland ist für alle Besatzungsmächte zu einem riesigen Problem geworden. Die Kriegskoalition, die Hitler besiegt hatte, war schon mehr als fragil. Nun steht man im Nachkriegsdeutschland vor fast unlösbaren Aufgaben. Und Sowjets, Amerikaner, Briten und Franzosen verfolgen in dieser Trümmerwüste auch noch sehr eigene Interessen. Für die britischen Besatzer kommt eine massive Ernährungskrise im eigenen Land hinzu. Wie soll man eine Besatzungszone füttern, wenn schon die eigenen Leute nichts zu essen haben?

Bei der Potsdamer Konferenz 1945 hatte man die künftige Wirtschaftsstruktur Deutschlands im Unklaren gelassen. Die nicht getroffenen Entscheidungen der Anfangsphase, die wuchernden Strukturen von Besatzungszonen, Länderverwaltungen, Kommunen, Wirtschaftsämtern, Meldeämtern etc. geben den Deutschen das Gefühl des Stillstands.

»Wir müssen die Deutschen selbst heranziehen«, sagt Feldmarschall Montgomery, der erste britische Militärgouverneur, schon 1946. Für die West-Alliierten bedeutet das, dass man bürgerliche Kräfte und schon in der NS-Zeit tätige »Mitläufer« oder »Entlastete« nach einem komplizierten und in der Praxis wenig effizienten Entnazifizierungsverfahren wieder in Führungspositionen in Politik, Wirtschaft und Verwaltung lässt.

Im Sommer 1946 teilt die Britische Besatzungsmacht ihre Zone in Länder auf. In Düsseldorf tagt im Herbst der

14 -- erste Landtag Nordrhein-Westfalens. Die Abgeordneten sind von den Engländern ernannt. Briten und Amerikaner schließen ihre Zonen zu einem einheitlichen Wirtschaftsraum, der »Bi-Zone« zusammen, um so endlich zu zügigen Lösungen zumindest der ökonomischen Probleme zu kommen. Dennoch bleibt in der Praxis vieles im Argen, wie ja auch der junge Finanzbeamte Paul Haentjes feststellen muss. Die Ursache liegt in den oft widerstrebenen Aktivitäten einzelner Ämter und Besatzungsstellen. Und so gehört die ausufernde Bürokratie zum Alltag in der Nachkriegszeit: »Der geringe Platz, den die Besatzungsmächte einer deutschen Spontaneität vielleicht einräumen würden, wird statt dessen von der immer übermächtiger werdenden deutschen Verwaltungsbürokratie besetzt«, klagt die Zeitschrift »Der Ruf« 1947. Was den Deutschen fehle, seien Spontaneität und Zivilcourage - wichtige Voraussetzungen für eine Demokratisierung.

Meinungsumfragen der Allierten zeigen ein erschreckendes Ergebnis: Noch immer ist jeder sechste Deutsche ein unverbesserlicher Nazi. Die große Mehrheit sieht den Nationalsozialismus als eine gute Idee, die schlecht ausgeführt wurde. Ein Drittel findet, Juden sollten nicht die gleichen Rechte haben wie andere. Dennoch sind die Anhänger des alten Regimes zumindest in der jungen Generation eindeutig in der Minderheit.

Paul Haentjes beklagt, wie viele andere in diesen Jahren, den Materialismus der Zeit. Er sieht in ihm auch die Ursache für die vorangegangene Katastrophe. Und so hat die Kirche im zerstörten Köln einen noch höheren Stellenwert als sonst. Bilder der ersten Prozessionen in den Trümmern belegen das. Katholizismus, Evangelische Kirche und christlich-sozialistische Denkströmungen prägen die Debatten in den Westzonen Deutschlands. Die christliche Intellektuellen-Zeitschrift »Frankfurter-Hefte« hat 150.000 Abonnementsanfragen, kann aber wegen Papierknappheit nur eine Auflage von 50.000 (immerhin!) drucken.

Der Briefpartner in diesem Buch ist ein Freund, der noch immer in französischer Gefangenschaft ist. Während die Amerikaner im Jahr 1947 die meisten ihrer Gefangenen entlassen haben und auch die Engländer zügig die letzten deutschen Soldaten in die Freiheit schicken, gibt es in Frankreich noch 600.000 deutsche Kriegsgefangene, ganz zu schweigen von den Millionen, die noch in sowjetischen Lagern sitzen. Die Sowjetunion, aber auch Frankreich als unmittelbar von deutschen Invasionen betroffene Länder, haben einen höheren Bedarf an Sühneleistungen der Deutschen. Der Wunsch nach Rache an den verhassten Ex-Besatzern vermischt sich mit einem notwendigen Wiederaufbaubeitrag in diesen Ländern. Die Gefangenen in Frankreich haben nur eine Chance freizukommen, wenn sie sich dort zu »freiwilliger« Arbeit verpflichten. Bei vielen ist so immerhin ein Kurzbesuch zu Hause möglich.

Während die Menschen in den Straßen Kölns mühselig ihren Alltag bewältigen, beginnen sich die politischen Strukturen zu konsolidieren - unter den Vorzeichen des Kalten Krieges. Aus den Waffenbrüdern gegen Hitler sind Feinde geworden. An eine gemeinsame Deutschlandpolitik von Sowjetunion, USA, Großbritannien und Frankreich ist nicht mehr zu denken, geschweige denn an einen wiedervereinigten deutschen Staat.

Eine Währungsreform ist dringend notwendig. Die Kaufkraft der Reichsmark ist vollständig ausgehöhlt, obwohl überall Waren gehortet werden. Das ist auch eine Folge der Bewirtschaftung mit Konsumenten-Marken. Geschäfte »Ware gegen Ware« haben den Geldverkehr geschwächt. Wer z.B. in einem Schreibwarenladen ein kleines Kontoheft zum Preis von 80 Pfennig erstehen will, kann dies nur gegen die Anlieferung von 500g Altpapier. Ein Kunde kauft in der Not also für 8 Reichsmark (RM) alle dort vorhandenen Zeitschriften und schenkt sie dann sogleich der Verkäuferin, um endlich sein Heftchen kaufen zu können.

Im März 1948 wird der Ökonom Ludwig Erhard offiziell Wirtschaftsdirektor der Bi-Zone. Er hatte schon zu Kriegszeiten ein Konzept für einen Währungsschnitt nach einem verlorenen Krieg entworfen. Nun arbeitet er mit Briten und Amerikanern an der Vorbereitung der Währungsreform, die durchaus nicht auf die Westzonen beschränkt bleiben soll.

Im Frühsommer des gleichen Jahres geben die Amerikaner den Startschuss für die neue Währung. Am 20. 6. wird die D-Mark in den Westzonen eingeführt. Die Sowjets empfinden dies als Affront und folgen bald mit einer eigenen Ost-Währung für ihre Zone.
Gleichzeitig mit der Währungsreform in den Westzonen verkündet Erhard - ohne Absprache mit den Besatzungsmächten - die Aufhebung der Waren-Rationierung. Das Ergebnis ist ein Run auf die plötzlich vollen Schaufenster. 40 DM kann jeder Westdeutsche sofort umtauschen, 20 DM ein paar Wochen später. Und plötzlich gibt es all das wieder, was man Jahre entbehrt hat: Gemüse, Strümpfe, Kochtöpfe, Unterwäsche.

»Es ist fast wie Weihnachten, so wunderbar erscheint es uns, was wir erleben. Manchmal fürchtet man, aus einem Traum zu erwachen. Eine kleine Welle der Hoffnung hat uns gepackt. Und die Veränderungen, die sie auslöste, haben andere Veränderungen im Gefolge. Wir empfinden über alles Trennende hinweg mehr als zuvor das uns allen Gemeinsame. Wir sind ein wenig höflicher zueinander. Uns macht die Arbeit mehr Freude. Und wir sind ein bißchen fröhlicher geworden, weil wir bei aller unmittelbaren

Bedrängnis doch ein Ziel vor Augen haben.« (Frankfurter Hefte, August 1948)

Die Einführung der D-Mark ist die wichtigste Weichenstellung der deutschen Nachkriegszeit. Ein Jahr später wird es ein Deutschland-West und ein Deutschland-Ost geben. Bis in die 50er-Jahre folgen politische und wirtschaftliche Krisen. Doch Köln wird wieder aufgebaut, mit Verletzungen und Narben. Und aus dem Trümmerland wächst das Wirtschaftswunder.

---

von Dorothee Haentjes-Holländer

—

»Verrückte Zeiten! – Auf Wiedersehen in besseren!«

Köln im Frühjahr 1946. Eine zerstörte Stadt, in der die Überlebenden des Zweiten Weltkriegs ihren Alltag zu bewältigen versuchen.

Paul Haentjes, Jahrgang 1927, ist bereits im Juni 1945 aus amerikanischer Kriegsgefangenschaft zurückgekehrt. Die Eltern Cornelius und Elisabeth Haentjes hatten mit den Söhnen Werner, Walter und Paul bis zur Ausbombung 1944 in Köln-Lindenthal, in der Landgrafenstraße, gewohnt. Nach Kriegsende bezieht die Familie eine Dreizimmerwohnung in der ebenfalls in Lindenthal gelegenen Uhlandstraße, die trotz ihres Bombenlochs im Schlafzimmer, das vom Dach des Hauses bis in den Keller hinabreicht – und erst im Laufe des Jahres 1946 geschlossen wird –, für Kölner Verhältnisse eine annehmbare Unterkunft bietet.

Seinen Freund Engelbert Gorius kennt Paul Haentjes seit der Schulzeit. Die beiden jungen Männer verbindet, neben den Erfahrungen während des Krieges als Luftwaffenhelfer und im Arbeitsdienst, eine tiefe Verwurzelung im christlichen Glauben. Im Gegensatz zu Paul befindet sich Engelbert 1946 noch in Gefangenschaft in Frankreich, in Damigny, Departement Orne. Er arbeitet dort bei einem Bauern.

Paul Haentjes beginnt dem Freund zu schreiben. Jeden Sonntag berichtet er Engelbert aus der Heimat und spricht ihm Mut zu. Dabei ist auch für ihn selbst die Lage alles andere als einfach: Nach dem Tod des Vaters im Februar 1946 braucht die Familie dringend ein weiteres Einkommen, um die bescheidene Witwenrente der Mutter

22 -- zu ergänzen. Paul tritt am 1. April 1946 eine Ausbildung zum Finanzanwärter bei der Oberfinanzdirektion an. Damit wird er als jüngstes Familienmitglied, im Alter von 19 Jahren, mit einem monatlichen Gehalt von 150 Reichsmark zur wichtigsten finanziellen Stütze des Haushalts, dem, nachdem sein ältester Bruder Werner im August 1946 eine Stelle als Korrepetitor in Bielefeld antritt, noch sein im Studium stehender Bruder Walter und seine Mutter angehören.

Da ihm völlig klar ist, in welchem Umbruch sich Gesellschaft und Stadt befinden - und weil er wegen seiner schlechten Handschrift ohnehin auf einer Schreibmaschine schreibt - fertigt er Durchschläge seiner Briefe an, um sie als eine Art Tagebuch aufzubewahren. Die Antworten Engelberts sind nicht erhalten. Aus dem Briefwechsel, der in diesem Buch in gekürzter Form vorliegt, geht hervor, dass er als Gefangener nur wenig Post verschicken darf, hauptsächlich Karten, auf denen der Raum für Mitteilungen knapp bemessen ist und deren Inhalt wohl auch einer Prüfung unterliegt.

Paul Haentjes versucht mit den Briefen, Engelbert über die politischen und gesellschaftlichen Entwicklungen in Deutschland und vor allem in Köln auf dem Laufenden zu halten; ihn teilhaben zu lassen an dem, was zu Hause geschieht. Gleichzeitig will er seinem Freund ein Gefühl der Nähe geben und ihm zeigen, dass er nicht vergessen ist, auch wenn sich die Zeit bis zu seiner Rückkehr aus Frankreich - nachdem Engelbert sich im Herbst 1947 als Zivilarbeiter gemeldet hatte - noch bis in den Herbst 1948 hinein ziehen sollte.

Die Briefe stellen ein eindrückliches historisches Dokument dar. Gleichzeitig spiegeln sie die ganz private Geschichte von zwei jungen Männern, die, eigentlich voller Lebenshunger, durch Unfreiheit einerseits und schwierigste Lebensbedingungen andererseits, in ihrer Entwicklung behindert werden und dennoch immer wieder versuchen, nach jedem Strohhalm der Hoffnung zu greifen. Für beide wendet sich schließlich im Jahr 1948 das Blatt. Für Paul durch die Währungsreform im Juni und für Engelbert durch die Rückkehr aus Frankreich im Herbst desselben Jahres.

Nur zwölf Jahre nach dem Ende seiner Gefangenschaft starb Engelbert Gorius im Jahr 1960 in Bonn.

Paul Haentjes heiratete im Jahr 1954 und zog mit seiner Ehefrau Anni vier Kinder groß: Michael, Andreas, Mathias und Dorothee. Bis 1984 war er als Steuerberater in Köln-Lindenthal tätig, wo das Paar bis heute lebt.

Die Briefe

—

– – –

Köln, Sonntag, den 30. April 1946

–

Lieber Engelbert! ¶

Da mir heute eine Schreibmaschine zur Verfügung steht, will ich die Gelegenheit nutzen und Dir einen Brief schreiben, den Du wohl besser lesen kannst als meine Handschrift! Meinen üblichen Bericht zur Lage beginne ich mit der Fronleichnamsprozession, die in diesem Jahr schon zum zweiten Male nach dem Krieg wieder durch Köln zog. Waren es im vorigen Jahr nur die »Pioniere« des wiedererwachenden Lebens, so nahm dieses Mal eine große Menge Männer, Frauen, Jugendlicher und Geistlicher teil. Das Wetter war zwar eher unsicher, aber es regnete doch nicht und die Sonne kam oft zwischen den Wolken hervor. ¶

Vor dem Haupteingang des Doms, der mit weiß-roten Fahnen festlich geschmückt war, bot sich ein farbenprächtiges Bild: Die Messdiener in den roten Gewändern, die Geistlichen zum Teil in Chormänteln, die Ordensschwestern in Schwarz, die mehreren hundert Banner der Jugend und das viele Volk. ¶

Vom Hauptbahnhof ging der Zug zur Hauptpost, über Kattenbug, Gereonstraße und Christophstraße am derzeitigen Rathaus (das ist das Allianzgebäude am Kaiser-Wilhelm-Denkmal) vorbei, dann über Hansaring, Eigelstein und Marzellenstraße wieder Richtung Bahnhof und um den Dombunker herum zum Südportal. Dort gab es den einzigen Segen. Keine fünf Minuten nach dem Ende der Prozession kam ein solcher Regenschauer, dass wir

oben und rechte Seite: 1946 fand in Köln inmitten der Trümmerberge bereits die zweite Fronleichnamsprozession nach dem Krieg statt.

alle total durchnässt waren. Teilnehmer waren außer dem Kardinal auch der Oberbürgermeister Dr. Pünder, Dr. Adenauer und eine Reihe Professoren der Kölner Hochschulen. ¶

Am Sonntag darauf folgte die Prozession unserer Pfarrei, die vom Annakloster über Herderstraße, Gürtel, Uhlandstraße, Wittgensteinstraße, Bachemer Straße, Leiblplatz, Gleueler Straße und Gürtel zurück zum Annakloster führte. Es gab nur einen Segensaltar, am Leiblplatz. ¶

Am Sonntag Nachmittag nahm ich in der Aula der Uni an einer Versammlung des »Vereins der Freunde zum Wiederaufbau Kölns« teil. Es sprachen verschiedene Architekten, die aber, wie bisher zumeist, keine konkreten Pläne vorbrachten. Die allgemeinen Pläne heben immer wieder die Verlegung des Hauptbahnhofs in die Nähe des Aachener Tores, die Schaffung gesunder Wohnbedingungen in der Altstadt und den Nichtwiederaufbau der Hohenzollernbrücke hervor. Durch sie wurde ja die Altstadt in zwei Teile gespalten, was man jetzt vermeiden will. Da die Reichsbahn die Brücke behelfsmäßig aufbauen will, was aber überwiegend abgelehnt wird, weil dieses Provisorium doch lange Jahre bestehen bliebe, ist in dieser Frage eine große Diskussion im Gange. Wir müssen eben den augenblicklichen Nachteil auf uns nehmen, dafür aber die Gelegenheit wahrnehmen, die Verkehrstechnik der Stadt auf lange Jahre, vielleicht Jahrhunderte zu bestimmen. Es ist eine Ausstellung geplant, auf der Pläne und Modelle gezeigt werden sollen. Auch darüber werde ich Dich auf dem Laufenden halten. * ¶

* Letztendlich wurde der Hauptbahnhof nicht verlegt und die Hohenzollernbrücke wieder aufgebaut.

Der britische Stadtkommandant Oberst White (Mitte) mit Gästen vor der Kölner Universität.

Nach den Architekten sprach der englische Stadtkommandant, Oberstleutnant (John M.) White. Er bezeichnete als Grundlage für den Aufbau und das Leben der Stadt ein Leben auf christlichen Prinzipien. Dieser Mann scheint wirklich Interesse an Köln zu haben, das ließ sich seinen Worten entnehmen, aber auch seinen Taten: Er stellt nämlich zur Zeit der Kölner Jugend Zelte für mehrere Lager zur Verfügung, er gründete einen St. Patrick-Sportclub der Kölner Jugend und stiftete sogar gestern Eis anlässlich eines Sommerfestes der Musikhochschule. ¶

Dann sprach der Oberbürgermeister und, was nicht im Programm vorgesehen war, aber allgemein als Höhepunkt angesehen wurde, der Kardinal über die Voraussetzungen zum Aufbau. Als erstes nannte er die Verbesserung der Ernährung auf den mindestnotwendigen Stand, wenn auch durch Hilfe von außen. Dann die Entlassung der Kriegsgefangenen, die er auf etwa 7 Millionen schätze, davon 4 Millionen in Russland, eine Million in Frankreich, die übrigen in aller Welt verstreut. Er forderte deren Freilassung, auch wenn die Genfer Konvention diese erst anderthalb Jahre nach Kriegsende vorsehe. Aber, sagte er, gab es denn bisher den ungeheuerlichen Fall, dass nach über einem Jahr Waffenstillstand noch kein Mensch an Friedensverhandlungen mit uns denkt? Die benötigten Arbeitskräfte würden sicher durch freiwillige Zivilarbeiter ersetzt, die zudem mehr leisteten als Gefangene. Über dem Paragraphenwerk der Vereinbarungen solle immer noch die Vernunft stehen, die den Frauen ihre Männer und den Kindern ihre Väter, den Eltern ihre Söhne wiedergeben möge. Vorbedingung zum Aufbau sei auch die Zulassung einer Friedensindustrie, die es uns ermöglicht, auf eigenen Füßen zu stehen und nicht auf die Almosen anderer Völker angewiesen zu sein. »Auch ein besiegtes Volk hat Anspruch darauf, zu leben!« ¶

Ebenso müsse die Frage der Ostflüchtlinge geregelt sein, bevor der Aufbau beginnen kann. Nach der Zurückführung dieser Menschen, ca. 13 Millionen, lebten in Deutschland 200 Menschen pro Quadratkilometer, gegenüber früher 140. England hingegen hat 190 Einwohner pro Quadratkilometer. Was würde dieses Land wohl ohne Einfuhren anfangen, oder ohne Industrie? Die Ostflüchtlinge sind auch »displaced persons«, aus der Heimat Vertriebene. Erst wenn alle Probleme dieser Art gelöst seien, könne an einen Aufbau größeren Stils gedacht werden. Kleinere Anfänge dieses Aufbaus und der Errettung der Kunstdenkmäler seien ja bereits gemacht. So sei ab Pfingsten St. Maria an Lyskirchen wiederhergestellt, und an St. Andreas werde gebaut. Den Dom hoffe er bis 1948 so weit hergerichtet zu haben, dass ein großer Teil wieder benutzt werden könne. Er hoffe dann, zur 700-Jahrfeier der Grundsteinlegung, hier viele Gäste begrüßen zu können. Er möchte aber auch darauf hinweisen, dass vor 700 Jahren sogar in England Geld für den Bau des Domes gesammelt wurde.
Während der Rede, die der Kardinal zum Teil recht humorvoll brachte, so mit den Worten, dass er hier in die Bütt * steigen wolle, wurde er immer wieder von Beifallsstürmen unterbrochen, denn die Rede enthielt wohl all das, was uns am Herzen liegt. ¶

* kölsch: Rednertribüne im Karneval

oben: Trümmer rund um St. Georg in der Christophstraße
unten: Die stark beschädigte Kirche St. Aposteln

Die völlig zerstörte Kirche Groß St. Martin,
rechts der Stapelhausturm

Am Mittwoch hatte ich wieder das Vergnügen, einen Tag bei der Säuberung Lindenthals mitzuhelfen. Ich habe dir doch sicher von dem Ehrendienst berichtet, den jeder Kölner in diesem Sommer zu verrichten hat. Zur Zeit wird die Friedrich-Schmidt-Straße geräumt, und zwar das Stück zwischen Klosterstraße und Gürtel. Die Arbeit war eine angenehme Abwechslung des täglichen Lebens und es gab zu Mittag eine ordentliche Suppe. Um 14:00 Uhr war aber schon Feierabend. ¶

Das wäre im Moment eigentlich alles, was es zu berichten gibt. Das Wetter ist seit zwei Tagen auch wieder schön, nachdem es bald sechs Wochen lang trüb war und man schon von Rationierung und Schwarzhandel mit Sonnentagen sprach! Aber das ist nun vorbei und die Sonne scheint mit altbewährter Hitze.
Für mich ist der heutige Tag von besonderer Bedeutung: Er ist mein Entlassungstag im Vorjahr! * Der Tag, auf den wir damals mit Ungeduld warteten. Ein Tag, den ich nie vergessen werde und ein Tag, den Du, so hoffe ich, in nicht allzu ferner Zeit ebenfalls begehen kannst – zu Deiner Freude, der Freude Deiner lieben Eltern, aber auch zu unser aller Freude. Mit diesem Wunsche grüßt Dich für heute ¶

Dein Paul ¶

* Paul Haentjes bezieht sich hier auf den Tag seiner »Entlassung« aus der Wehrmacht. Der Hauptmann seines Bataillons sah die Fortführung der Kämpfe als aussichtslos an und überließ die Einheit sich selbst.

Ein Blindgänger in der Friedrich-Schmidt-Straße

Das Dom-Hotel an der Südseite des Doms lag ebenso in Schutt und Asche wie 99 Prozent der Kölner Innenstadt.

Heimkehrer und in der Stadt Verbliebene sahen sich vor der Aufgabe, aus solchen Trümmerlandschaften neuen Wohnraum zu schaffen.

Zu allem Überfluss trat im Februar 1946 auch noch der Rhein über seine Ufer und überschwemmte weite Teile der Altstadt – auch die Frankenwerft stand unter Wasser.

Köln, den 4. August 1946

Lieber Engelbert! ¶

Auch den heutigen Sonntag will ich zu einem Brief an Dich nutzen und Dir wieder die neuesten Berichte aus Colonia senden. Bei uns ist heute zum ersten Male seit längerer Zeit, aber für eine Weile auch zum letzten Mal, die Familie versammelt. Werner ist Freitag von seiner Fahrt ins Süddeutsche nach Köln zurückgekommen, fährt aber heute abend weiter nach Bielefeld, wo er seine neue Stelle als Korrepetitor antritt. Walter ist auch für einige Tage aus dem Westerwald gekommen, um sich hier die Atteste der Uni zu holen. Schade, dass in unserem Kreis der Vater fehlt. Schon im Krieg war es ihm stets eine große Freude, wenn wir alle wieder beisammen saßen. Aber leichter wird er es jetzt haben als wir, frei von allen Sorgen, die uns doch Tag um Tag bedrängen. Man muss sich die schönen Stunden herauspicken – so wie ich jetzt den herrlichen Sommer genieße, nachdem es in der letzten Woche bei Regen, Sturm und kaltem Wetter bedenklich nach Herbst aussah. Heute aber ist es wunderbar. Es ist nicht so drückend heiß, das wird's wohl morgen geben, und ich sitze auf dem Balkon, umgeben von unserer Tomatenzucht im Blumenkasten. ¶

Ich glaube, es ist auch für Dich von Interesse, wenn Du etwas über Kölns Zerstörung liest, das von »unparteiischer« Seite geschrieben wurde. Ich sende Dir einen Artikel aus der »Christ in der Gegenwart«, einer Monatszeitschrift für Kultur und Politik. In Freiburg als eine der ersten Zeitschriften nach dem Krieg

Der »Tausendfüßler«, die Holz-Behelfsbrücke neben der zerstörten Deutzer Brücke

lizenziert, ist sie in den westlichen Zonen allgemein bekannt und als objektiv, auch in Politik und Wirtschaftsfragen, anerkannt. Da besucht also der Schriftleiter das Ruhrgebiet und schildert seine Eindrücke, denen als Abschluss der Besuch von Köln gilt. ¶

So, Engelbert, nun hast du mal wieder gehört, wie es in Köln um uns steht. Da fällt mir gerade eine Zahl ein, die über den Verkehr der Behelfsbrücke bekannt gemacht wurde: Durchschnittlich 10.000 Fahrzeuge und 85.000 Fußgänger passieren an einem Tag diese Brücke! Dass da unsere beiden neuen Brücken, die General-Patton-Bridge am Deutschen Ring (Bastei) für Autos und Fußgänger und die alte Südbrücke für Eisenbahn und Fußgänger sowie zehn Fähren eine große Freude für die Bevölkerung sind, kann man leicht sehen. Nun bleibe gesund und munter und bis auf baldiges Wiederlesen! ¶

Dein Paul ¶

Wahlplakate an den Trümmerwänden der Ehrenstraße 1946

Köln, den 20. Oktober 1946 --

Lieber Engelbert! ¶

Ich hoffe, dass Du meine beiden Briefe erhalten hast, die ich Dir nach Beendigung der Zwangspause geschrieben habe und dass Du so über die Lage bei uns wieder in etwa informiert bist. Nun will ich heute, wie angekündigt, mit dem Bericht über die Wahlen, die am letzten Sonntag stattfanden, beginnen. Zunächst: Die Wahlbeteiligung betrug circa 70 %, eine Zahl, die durch die wirtschafts- und ernährungspolitische Lage bestimmt ist. Denn mancher sagte, man solle uns erst mehr zu essen geben, bevor man mit solchen Sachen komme. ¶

Das Ergebnis in der gesamten Zone hört sich eigenartig an: Die SPD hat die meisten Stimmen erhalten, während die CDU die meisten Sitze erhielt. Dies erklärt sich aus dem Wahlsystem, das nach englischem Muster hier eingeführt wurde und das recht kompliziert ist. ¶

Dass die SPD und die CDU als Hauptparteien in Frage kommen, ist nun eindeutig erwiesen. Mit 11.179.521 bzw. 11.029.953 Stimmen haben sie die meisten Stimmen auf sich vereinigt. Die KPD hat 2.400.000 Stimmen, und den Rest teilen sich das Neu-Zentrum, die Liberaldemokraten und andere Vereine. In Köln und im Land Nordrhein-Westfalen (das ist für uns ja das Entscheidende) liegt die CDU an der Spitze. In Köln haben wir 41 Stadtvertreter der CDU, 8 der SPD und 2 der KPD. Die Erfolge der CDU werden von der SPD und besonders der KPD dem Wahlsystem zugeschrieben, aber in anderen Städten hat die SPD den Nutzen daraus gezogen. Auf Grund der Wahlergebnisse werden wohl bald einige Berichtigungen bei der Papierzuteilung der Zeitungen erfolgen und auch die Regierung wird möglicherweise umgebildet werden. ¶

In der französischen Zone hat die CDU bei den Wahlen am Sonntag die Mehrheit erhalten. Als letzter Teil von Deutschland wählt nun heute Berlin und man ist gespannt, wie sich hier die SED behaupten wird, da sie ja von den Westmächten nicht die Unterstützung erhält, die ihr die Russen zukommen lassen. ¶

Die wirtschaftliche Lage in Westdeutschland lässt einen mit sehr großer Sorge in die Zukunft blicken. Neulich wurden über 600 Betriebe als Reparationen zur Ablieferung bestimmt und weitere Beschlagnahmen angekündigt. Die Kohlenknappheit führt nicht nur zu mangelnder Hausbrandversorgung, bis auf ein paar Zentner Briketts, sondern zwingt zu umfassenden Stilllegungen in der Wirtschaft, deren Auswirkungen sich jetzt noch nicht überblicken lassen. Auch der Haushaltsbedarf an Strom soll, außer der seit einem Jahr bestehenden Rationierungen, noch weiteren Kürzungen unterliegen. Man macht uns von englischer Seite Hoffnungen, dass wir nur diesen Winter überstehen müssten, dann wäre die Krise der Besatzungszeit vorbei … aber diese Hoffnung wurde uns genauso im vorigen Herbst gegeben und nach dem Winter begann erst die schwere Zeit. Es sind also schöne Aussichten für die Zukunft …

In der Ernährungsschlacht warten wir mit Sorge auf die versprochenen zwei Zentner Kartoffeln. Angeblich infolge des Schifffahrtsstreiks in New York ist auch in der Brot- und Nährmittelversorgung eine empfindliche Spannung eingetreten, so dass man sich kaum den Freuden der seit vorigen Montag um einige Kalorien erhöhten Ration hingeben kann. Ja, mit der ausreichenden Ernährung ist es nicht so einfach. Und es ist für die Hausfrau ein ewiges Jagen und Rennen, von einem Geschäft zum anderen. Auch ich musste diese Woche einspringen und in Stommeln »Kappes« * holen. In Köln konnte ich dann mit dem 80-Pfund-Sack vom Bahnhof bis zum Neumarkt und von der Aachenerstraße über den Gürtel nach Hause laufen! ¶

Bei meiner Arbeit im Finanzamt Köln-Süd hatte ich in dieser Woche, wie auch noch in der kommenden, die Aufgabe, mit sechs weiteren Kollegen Handlanger für die im Hause tätigen Maurer zu spielen. »Spieß« ** anrühren, Steine putzen, Sand in den 3. Stock hochziehen und so weiter. Für diese Arbeit gibt es Schwerarbeiterkarten, und ein weiterer Vorteil ist die kürzere Arbeitszeit (bis 15:30 Uhr, anstatt bis 17:00 Uhr). Nach uns kommen andere Kollegen für vierzehn Tage dran. So bauen wir langsam unser Gebäude wieder auf. ¶

Im großen und ganzen hat das Amt für Kölner Verhältnisse wenig gelitten. Von außen sieht man keinen Schaden und die Innenreparaturen beschränken sich auf den Aufbau eingestürzter Wände. Die einzelnen Zimmer sind ganz gemütlich und vor allem geheizt, was heute selten ist, und was vor allem im Winter

* Kölsch für Kohl
** Mörtel

ein großer Vorteil ist. Denn bei den Temperaturen von vorletzter Woche (+2 Grad) war es schon verdammt unangenehm, in den damals noch ungeheizten Räumen neun Stunden lang zu sitzen. ¶

Welchen geringen Wert das Geld zur Zeit hat und welche Lohnforderungen ein Mangelberuf heute stellt, zeige Dir folgendes Beispiel: Mein Onkel in der Friedrich-Schmidt-Straße benötigt für einige Zimmer einen Verputzer. Als Wochenlohn fordert dieser: 2 Pfund Butter (1 Pfund kostet schwarz 170 – 180 Reichsmark), 2 – 3 Pfund Fleisch (à 40 Reichsmark), 2 Zentner Kartoffeln (à 100 Reichsmark), ein Mittagessen und dazu einen Stundenlohn von 5 Reichsmark. ¶

Der Nürnberger Prozess hat diese Woche mit der Hinrichtung von zehn Angeklagten und dem Selbstmord Görings – drei Stunden zuvor – seinen Abschluss gefunden. Wie Göring durch eine Giftkapsel mit Zyankali Selbstmord begehen konnte, wird noch untersucht. Die anderen wurden nacheinander gehängt. Ein Drama der Weltgeschichte hat seinen Abschluss gefunden! Hoffentlich wiederholt es sich nicht! ¶

Rückkehr vom Hamstern in der Umgebung

1946: Stadtkommandant White und Oberbürgermeister Dr. Hermann Pünder kündigen die Entschuttungsaktion an (»Ehrendienst«), an der jeder Bürger teilzunehmen hatte.

– – –

Köln, den 27. Oktober 1946

–

Lieber Engelbert! ¶

Wir haben unsere Wohnung auf »Winter« umgeschaltet und eine Reihe von Veränderungen vorgenommen. ¶

Nachdem im Lauf der Woche eine ungewöhnliche Kältewelle hereingebrochen war, hatten wir uns ganz in die Küche zurückgezogen, während heute, am Sonntag, das Wohnzimmer die einzige Aufenthaltsmöglichkeit bietet. Hier wird auf dem Ofen gekocht, hier kommt jeder Besuch in den Trubel, hier studiert (soweit möglich) mein Bruder Walter sein Hauptfach Geschichte und hier sitze auch ich jetzt mit der Maschine. Das Wetter draußen ist so ungemütlich; es regnet, der Wind pfeift, es ist kalt – mit einem Wort: der Herbst zeigt sich von seiner bösesten Seite. Diese Woche hatten wir Temperaturen bis –2 Grad, eine für Köln zu dieser Jahreszeit ungewöhnliche Kälte. Heute hat der Regen für Erwärmung gesorgt und wir hoffen alle, dass es weiterhin noch milder wird; denn bei der Brennstoff- und Ernährungslage kann man auf solche Bedingungen verzichten. Der Brennstoff für den Winter ist sowieso viel zu knapp und der Körper ist durch den Fettmangel sehr empfindlich geworden. Wir werden sehen müssen, wie wir uns durchschlagen. Für mich ist dabei ganz günstig, dass ich bis 17:00 Uhr auf dem Amt bin, denn dort wird – zur Zeit wenigstens noch, so lange der Vorrat reicht – geheizt. ¶

Ein »innenpolitisches«, das heißt stadtkölnisches Ereignis, stellt die Wahl des Oberbürgermeisters dar. Der alte OB, Dr. Pünder, wurde mit 49 Stimmen der CDU gegen 2 Stimmen der KPD wiedergewählt. Für das Jahr 1947 wurde eine neue Schuttaktion angekündigt, die die verbliebenen Trümmer aus Köln beseitigen soll. Diese Woche wurde die Säuberung der Schnitzlerstraße vollendet und der zwischen Dürener Straße und Wüllnerstraße gelegene Teil der Landgrafenstraße in Angriff genommen. Allmählich bekommen die Straßen wieder ein anderes Gesicht, obschon bei uns in Lindenthal, auch dort, wo Leute wohnen, fast noch keine Straße geräumt ist. ¶

In der Politik der britischen Zone interessierte diese Woche die Rede Bevins, die uns neue Versprechungen brachte und die Neueinteilung der Länder. Neben Nordrhein-Westfalen haben wir noch Niedersachsen, Schleswig-Holstein und Stadt Bremen und Hamburg. Die kleinen anderen Staaten wie Braunschweig, Hannover, Oldenburg sind damit weggefallen; diese neuen Staaten bekommen bzw. haben schon eine Landesregierung, der bis zum 1. 1. 1947 weitere Vollmachten übergeben werden. Dann sollen nur die Funktionen der früheren Reichsregierung noch bei der Militärregierung liegen. Welchen praktischen Wert diese Maßnahme hat, bleibt abzuwarten. So haben wir in der britischen Zone ein ähnliches Bild wie in der amerikanischen, wo drei Länder existieren: Bayern, Großhessen und Württemberg-Baden. Die französische Zone besteht aus Rheinland-Hessen-Nassau, Baden, Pfalz und dem Saargebiet. Die russische Zone hingegen hat noch die alte Einteilung. Später will man auf dieser Grund-

lage einen deutschen Bundesstaat aufbauen, vielleicht mit Frankfurt als Hauptstadt, denn von dem Berliner Geist – Preußentum und Militarismus – hat man die Nase voll.
Ich vergaß fast, Dir die Wiederinbetriebnahme der Zollstocker Linie der Straßenbahn ab morgen mitzuteilen. Damit ist ein weiterer Schritt zur Verbesserung der Verkehrslage getan, denn Zollstock war bisher nicht mit der Bahn zu erreichen, es sei denn, man fuhr bis Raderberg oder Klettenberg und ging dann zu Fuß weiter. Auch der Stadtwaldgürtel wird in Kürze fertig sein. Allerdings werden dann wohl die Wagen fehlen. Zur Zeit fährt die Linie 6 im Pendel vom Stadtwald zum Zülpicher Platz. Aber wer weiß, wie es morgen sein wird, denn Lindenthal ist immer das schwarze Schaf, dem die Wagen abgezogen werden, die irgendwo anders benötigt werden! ¶

Köln, den 9. November 1946

–

Lieber Engelbert! ¶

Diesmal startet der Sonntagsbrief schon am Samstagabend, denn ich habe jetzt wohltuende Ruhe um mich, und das ist selten der Fall. Mein Bruder Walter ist im Westerwald, um Kalorien zu holen, und meine Mutter liegt schon im Bett, um Kalorien zu sparen. Mit einem Schlage ist diese Woche das Ernährungsproblem wieder als Hauptproblem auf der Tagesordnung erschienen, nachdem es einige Wochen so ausgesehen hatte, dass wir die kärglichen Rationen ohne Schwierigkeiten durchhalten könnten. Aber das ist nun doch nicht der Fall. Angeblich durch den Schifffahrtsstreik in den USA sind die Vorräte so knapp geworden, dass erhebliche Schwierigkeiten auftraten. Von versprochenen 750 Gramm Nährmitteln gelangen nur 250 Gramm zur Ausgabe, und das Brot wurde erst am Ende der Woche in normaler Höhe zugeteilt. Dafür standen die Hausfrauen lange Schlange. ¶

Vor sechs Wochen waren uns pro Person 2 Zentner Kartoffeln zugesichert worden, die nur infolge von Transportschwierigkeiten langsam verteilt würden. Bisher hat die Hälfte der Kölner Bewohner 1 Zentner erhalten, die andere Hälfte gar nichts. Leider gehören wir zu der zweiten Hälfte, die außer den gehamsterten Vorräten nichts hat. Und das Gehamsterte geht schnell zur Neige! ¶

So gehen wir mit wenig Zuversicht in den Winter, denn woher sollte sie auch kommen? Fast niemand hat mehr große Hoffnungen. Mit Brennstoff steht die Lage ebenfalls mies, besonders die für diese Jahreszeit ungewöhnliche Kälte (–2 Grad) verschlingt mehr Kohlen, als wir vertragen können. Leider hat sich gegenüber dem vorigen Jahr manches erheblich verschlechtert. ¶

Damit aber nicht nur die dunkle Zukunft unsere Gemüter bewegt, sondern um die wenigen Freuden, die uns geblieben sind, zu nutzen, habe ich ein Bachkonzert in der Musikhochschule besucht, die jetzt in Marienburg am Rhein, Nähe Bismarcksäule, im alten Palais Oppenheim, einem riesigen, weitgehend erhalten gebliebenen pompösen Bau, ihre Heimat gefunden hat. Die Klänge der wunderbaren »Brandenburgischen Konzerte« ließen die Sorgen des Alltags vergessen. Weniger schön auch hier der äußere Rahmen: Über eine halbe Stunde auf die Bahn warten und dann doch zu Fuß laufen! Auf dem Rückweg ebenfalls Fußmarsch von Marienburg bis zum Chlodwigplatz und von Sülz nach Lindenthal. Das Gehen ist dabei nicht das Schlimme, da kennt man andere Wege, sondern der Schuhsohlenverschleiß. Mit solchen Unannehmlichkeiten muss man aber heute bei jeder Veranstaltung rechnen – und so ist nach einer Erhebung über den Alltag dieser doch allzu schnell wieder da. ¶

Das Straßenbahnproblem ist mit eines der schwierigsten. Glaube mir, es ist fast Selbstmord, sich nachmittags zwischen 16:00 und 18:00 Uhr in die Stadt zu wagen. Nun habe ich jeden Tag das »Vergnügen«. Da ich am Ubierring einsteige, komme ich in der

Linie 16 zwar meistens mit – aber unterwegs diese Schlägereien! Am Zülpicher Platz muss ich in die 7 umsteigen, die von Niehl über die Ringe kommt und dann nach Sülz weiterfährt. Die ist aber immer so voll, dass man nicht mehr hineinpasst. Auf allen Trittbrettern sowohl links als auch rechts und zwischen den Wagen ist jedes Fleckchen besetzt! ¶

So muss ich auch nachmittags meistens zu Fuß gehen und komme dadurch erst spät bei Dunkelheit nach Hause. Wie es im Winter werden wird, wenn noch mehr Wagen ausfallen? Man sieht allgemein schwarz. Keine Ersatzteile, keine Glühbirnen und zu wenig Kohle, um Strom zu erzeugen. Es ist sehr gut möglich, dass der Straßenbahnverkehr dann nur noch zu den Hauptverkehrszeiten läuft und sonst ruht. ¶

Die notorische Mehlknappheit verursacht immer wieder lange Schlangen vor den Bäckereien.

Eine der wenigen funktionierenden Straßenbahnen 1946

Köln, den 15. Dezember 1946 --

Lieber Engelbert ¶

Nachdem mir am letzten Sonntag die Zeit zum Schreiben fehlte, sollst Du heute mal wieder Nachricht aus Köln bekommen! In der letzten Nacht hat der Winter ziemlich heftig seinen Einzug gehalten. Die Temperatur ist plötzlich auf –8 Grad gesunken, und wir sitzen bei gottseidank warmem Ofen auf unserem Zimmerchen beisammen. Für diese Woche sind etliche Veränderungen geplant, das heißt, sofern uns der Anstreicher noch vor Weihnachten ein Zimmer tapezieren kann. Danach wollen wir hier so gut wie alle Zimmer umräumen, um unseren Platz am besten zu nutzen. Wir hoffen auch, vor Weihnachten noch weiteres Glas zu bekommen, diesmal aber auf »amtlichem« Wege, durch den Baueinsatzleiter. Du kannst Dir aber nicht vorstellen, mit welchen Laufereien solche Arbeiten verbunden sind! ¶

Erfreulich war diese Woche eine Zuteilung von 3 Pfund Mehl durch den Caritas-Verband, aufgrund einer Spende aus Amerika. Es sieht nun doch so aus, als ob zu Weihnachten die Tische nicht ganz leer sein werden. Die Versorgung mit Brot klappt, uns fehlen nur die Nährmittel (d. h. fehlen tut genug, ich spreche von den Nährmitteln der zugeteilten Ration). ¶

Von dem sensationellen Bilderdiebstahl aus dem Museum in der Eigelsteintorburg habe ich Dir wohl noch nicht berichtet. Vor etwa vierzehn Tagen fehlte dort auf einmal ein wunderbares

Bild von Rembrandt. Der Wert betrug 1 Million Dollar! Großes Suchen natürlich überall, bis sich ein Kunsthändler meldet und sich anbietet, das Bild wiederzubeschaffen. Nach einer Woche ist es auch wieder da. Es stellt sich heraus, dass der Kunsthändler selbst der Dieb war, der seinen Freunden beweisen wollte, wie einfach es sei, ein Bild zu stehlen, und der sich an dem Gedanken berauscht hatte, einmal ein wertvolles Bild in seinem Besitz zu haben! Die Aufregung hier in Köln kannst Du Dir vorstellen und wie froh alles war, als diese geheimnisvolle Geschichte aufgeklärt war. ¶

Letzte Woche wurde das Erfrischungshäuschen an der Haltestelle am Hahnentor auf Rollen gesetzt und zum Platz an der Ehrenstraße transportiert, wo es seinem jetzigen Zweck, nämlich als Verkehrsauskunft für die britische und belgische Militärpolizei, besser dienen kann, da dort der Parkplatz für die Truppen ist, die mittags in der Kantine und der Offiziers-Messe im ehemaligen Restaurant »Zum Klausner« essen. Zudem wird am Opernhaus ein Kreisverkehr eingerichtet, ähnlich wie früher am Barbarossaplatz. Und da die neue Fahrbahn über den alten Standort der Erfrischungshalle führt, ist der Umbau nötig geworden. Der neue Kreisverkehr ist wirklich sehr zu begrüßen, denn die Kreuzung der zwei Hauptstraßen brachte manche Gefahren mit sich, die nun gemindert werden. ¶

In Lindenthal hat sich die Verkehrslage dadurch verbessert, dass die Landgrafenstraße auf unserer Höhe zumindest teilweise von Schutt gesäubert wurde. Wir müssen jetzt keine Bergtouren

mehr machen, um zur Bachemer Straße zu gelangen, und auch die Autos können jetzt wieder fahren.
Seit vierzehn Tagen verkehrt endlich die Linie F, so dass wir jetzt wieder mit zwei Straßenbahnlinien in die Stadt können. Ab morgen fährt auch die Linie 8 bis Weiden durch. So sieht es nun bald nach normalem Verkehr aus, wenn nur nicht alle Züge so überfüllt wären! Gestern noch fiel ein Passagier vom Trittbrett herunter und wurde überfahren – tot. ¶

Die schöneren Seiten des Lebens lernte ich vorigen Sonntag wieder in einem Konzert kennen. Bachs »Kunst der Fuge«, eines der herrlichsten Musikwerke, wurde in einer meisterhaften Aufführung geboten. Heute Nachmittag ist im Krieler Dom eine Adventsfeierstunde mit verschiedenen Musikeinlagen. ¶

Den Dienst auf dem Amt werden wir ab Samstag, den 21.12., bis zum 2.1.1947 wohl einstellen, da an diesen Tagen Kohlen gespart werden sollen. Mir ist das recht, da kann man zu Hause in Ruhe die Weihnachtstage vorbereiten und nachfeiern. ¶

Zum Schluss möchte ich Dir noch alles Gute wünschen, besonders ein baldiges Wiedersehen in Colonia! ¶

Dein Paul ¶

Durch den extrem kalten Winter gab es auf dem Rhein starken Eisgang.

Köln, den 26. Dezember 1946 --

Lieber Engelbert! ¶

Zu Beginn meines Briefes möchte ich Dir für Deinen Brief vom 5.11. danken, der mir als eine große Weihnachtsfreude zum Heiligen Abend in den Briefkasten flatterte. Es freut mich, dass die Verbindung zwischen uns trotz der Schwierigkeiten mit der Post nicht abgerissen ist. Auch dass es Dir den Verhältnissen entsprechend gut geht, beruhigt mich, wenn ich auch weiß, dass für Euch alle das Leben erst dann wieder seinen Sinn hat, wenn Ihr den Entlassungsschein in Händen habt. Nach den Forderungen Amerikas, bis zum 1.10.1947 alle von den USA-Streitkräften den Franzosen übergebenen Gefangenen zu entlassen, scheint sich ja auch für Dich ein – wenn auch nicht absolut zuverlässiger – Anhaltspunkt zu ergeben. Aber hoffen wir zumindest auf diesen Termin, wenn Du einer früheren Entlassung wohl auch nicht abgeneigt sein magst. ¶

Nach meinem letzten Brief vom 15.12. haben wir eine abwechslungsreiche Zeit hinter uns. Die in dieser Nacht hereingebrochene Kälte steigerte sich in den nächsten Tagen bis zu −15 Grad, eine wirkliche Schweinekälte. ¶

Der Mangel an Kohle und Körperwärme tat ein Übriges, so dass wir in den Tagen ein erbärmliches Frierleben führten, halb angekleidet im Bett schliefen (Innentemperatur −5 Grad) und im Übrigen den Feiertagen mit sehr gemischten Gefühlen entgegen sahen. Vom Amt bekam ich ab Montag, dem 23.12., Urlaub bis kommenden Montag; so konnte ich nach alter Tradition bei den Vorbereitungen mit Hand anlegen, was mir insbesondere beim Backen Freude bereitete. Aber auch beim Putzen der Zimmer wurde fleißig mitgeholfen. So hatten wir dann die Wohnung auf Hochglanz, sogar Glas war noch in alle Fenster gekommen, als Dienstag (24.12.) morgens um 5 Uhr mein Bruder Werner aus Bielefeld erschien, um bis heute Abend hier zu bleiben. Die letzten Vorbereitungen wurden noch getroffen. In der Wohnung roch es schon lecker nach dem Kaninchen, das wir von Bekannten geschenkt bekommen hatten und das im Ofen brutzelte. Auch von kulinarischer Seite war also mit einigen angenehmen Dingen zu rechnen. Schade war nur, dass unser Vater in unserem Kreise fehlte. So begann denn der Heilige Abend mit einer kleinen Mahlzeit, die bereits durch herrliche Musik im Radio untermalt wurde. Das Zimmer war von Kerzen erleuchtet, nur ein großes Transparent, ein Tryptichon, welches Walter und ich vor sechs Jahren in Laubsägearbeit gefertigt hatten und das wir aus unseren Trümmern noch hatten retten können, wurde durch eine elektrische Lampe beleuchtet. Aber die war ja nur indirekt zu sehen. Bei uns ist es nämlich Brauch, Weihnachten nur im Kerzenschein zu verbringen und das kalte elektrische Licht für diese Zeit aus unseren Räumen zu verbannen. So war es denn auch wirklich heimelig, Musik von Bach, Händel, Corelli und anderen umrahmte die schönen Stunden. Eine großartige Bescherung, die für viele die Hauptsache dieses Festes ist, hätte dazu wenig gepasst – zudem gab es auch nichts –, durch kleine Geschenke aber zeigte jeder dem anderen seine Liebe. Zur allgemeinen Freude hatte die Kälte erheblich nachgelassen, nur ein wenig Schnee lag noch. So zogen wir denn gegen 23:00 Uhr nach Hohenlind, wo um 23:30 Uhr die Weihnachtsliturgie mit den Metten begann. Die Kirche war, wie auch früher immer, im Chor mit großen Tannenbäumen geschmückt. Rote und weiße Blumen taten das ihre, um dem Raum eine herrliche Festpracht zu verleihen. Nach den Metten fand ein feierliches Hochamt statt, in dem die Weihnachtsbotschaft des Kardinals verlesen wurde. An diese erste Messe schloss sich als stille Messe die zweite Messe der Heiligen Nacht an, in der das Volk die schönen alten Christfestlieder sang. Um 2:30 Uhr waren wir wieder zu Hause. Aber lange ausgeschlafen werden durfte nicht. Denn nach altem Familienbrauch, aus der Heimat meines Vaters am Niederrhein eingeführt, gibt es am Morgen des ersten Feiertages von 7:00 – 9:00 oder 10:00 Uhr das gemütliche Kaffeetrinken. Auch hier wieder nur Beleuchtung durch Kerzenschein und Transparent, dazu die Musik im Radio. Und wenigstens war auch etwas da, um ausgiebig frühstücken zu können: Kuchen, Platz und Wurst! Am Niederrhein kam in normalen Zeiten natürlich noch etliches hinzu: Holländer Käse, Platz mit Korinthen – na, ich glaube, das alles aufzuführen ist zwecklos, denn wir haben es ja doch nicht! ¶

Damit über allem das Fest der Erlösung der Menschen nicht in den Hintergrund trat, besuchten wir um 11 Uhr in der Pfarrkirche die 3. Messe der Weihnacht. Zum Mittag schmeckte uns dann das »Kning« * so gut, als wäre es ein Huhn. Leider fehlte uns, wie wohl den meisten Leuten, ein Gläschen Wein. Aber trotzdem wurden wir reichlich satt – ein seltenes Ereignis in dieser Zeit! ¶

* Kölsch für Kaninchen

Der beliebte Kölner Kardinal Frings 1946

Köln, den 6. Januar 1947

Lieber Engel! ¶

Auch diesen Brief, den ersten im Neuen Jahr, möchte ich mit meinem Dank an Dich für Deine Zeilen vom 3.12.1946 beginnen, in denen Du den Empfang des ersten Zeitungspäckchens bestätigst. Es freut mich, dass es Dich trotz aller Schwierigkeiten doch erreicht hat, und ich hoffe, die beiden weiteren Sendungen werden Dich inzwischen auch erfreut haben. ¶

Mit dem heutigen Feiertag endet nun die Reihe der festlichen Tage und der Alltag beginnt wieder in vollem Umfang. Es ist so, wie Du schreibst: die Tage und Wochen fliegen nur so dahin. Ich hoffe, dass Du es in den vergangenen vierzehn Tagen den Umständen entsprechend gut hattest und ein wenig vom Trost des Weihnachtsfestes zu spüren bekamst. ¶

Bei uns herrscht seit gestern wieder eine Lausekälte, −11 Grad sind es heute Morgen! Die Kohlenvorräte schmelzen zusehends. Und die Leute, die auf der Eisenbahn Kohlen stehlen müssen, werden von Tag zu Tag mehr. Kürzlich blockierte an der Zülpicher Straße eine Menschenmenge die Gleise, so dass ein heranfahrender Kohlenzug zum Halten gebracht wurde. Währenddessen stürzen sich weitere Leute auf die Wagen und füllen ihre Taschen und Körbe mit Briketts… Nur eine kleine Episode, die sich leider tausendfach wiederholt. Auch solche Leute, die früher an so etwas niemals gedacht hätten, klauen mittlerweile Kohlen.

In seiner Silvesterpredigt hatte der Kölner Kardinal Frings mehr als nur Verständnis für den Kohlenklau gezeigt – »Fringsen« wurde daraufhin zur Bezeichnung für die illegale Beschaffung von Heizmaterial.

Aber wenn sogar Kardinal Frings in seiner Neujahrsbotschaft sagt, wenigstens indirekt, dass bei äußerster Not so etwas erlaubt sei, dann siehst Du, welche Lage hier herrscht. Nur dem Umstand, dass wir noch unseren alten Frechener Brikethändler haben, verdanken wir, dass uns solche Unternehmungen bisher erspart geblieben sind. Aber ganz daran vorbeikommen werden wir wohl auch nicht. ¶

Die weltpolitischen Ereignisse werden Dir vielleicht von anderer Seite durch Zeitungen zugänglich gemacht. Was uns interessiert, ist vor allem die vorbereitende Friedenskonferenz für Deutschland, die am 10. März in Moskau beginnen soll. Wir hoffen alle, dass es dann endlich weitergeht und es bald zu einem gerechten Frieden kommen mag, obwohl ja unsere Erwartungen in Konferenzen bisher nie groß erfüllt worden sind. Aber vielleicht gelingt es dieses Mal, das 4-Zonen-Deutschland wieder in ein einigermaßen einheitliches Land zu verwandeln, denn der augenblickliche Zustand ist besonders für die Wirtschaft unerträglich. ¶

Köln, den 18. Januar 1947

Lieber Engelbert! ¶

Nachdem ich nun vorigen Sonntag keine Zeit für einen Brief erübrigen konnte, will ich diesmal mit dem Schreiben schon Samstagabend beginnen. Die ganze Woche vor dem 12.1. war ausgefüllt mit Proben für unser Dreikönigsspiel, das wir schon 1942 im Hildegardishaus aufführten. Die heutigen Zeiten bringen aber neben der eigentlichen Probenarbeit ein ganz anderes Problem mit sich: die Kostümbeschaffung. Diese hielt uns den ganzen letzten Sonntag auf Trab. Abends war es dann soweit, dass das Stück ohne Generalprobe vom Stapel lief. Der Ertrag aus freiwilligen Spenden betrug an zwei Abenden im vollbesetzten Albertus-Magnus-Saal 280 Reichsmark – ein schöner Erfolg, der einer kranken Familie große Freude brachte. ¶

Zur Zeit sind so viele Menschen krank. In meinem Bekanntenkreis sind allein in den vergangenen drei Wochen vier Leute gestorben, meist an Lungenentzündung oder Tuberkulose, die hier in erschreckendem Umfang um sich greift. ¶

Folgen des Krieges, des Hungers und der Kälte, die uns gottseidank seit einer Woche für hoffentlich längere Zeit verlassen hat. Durch sie sind wir alle zu Kohlendieben geworden. 18.000 Zentner wurden laut amtlichen Angaben täglich im Raum von Köln dem zivilen Gebrauch »zugeführt«, das heißt, von den Bahnstrecken geholt. Der Ausdruck »Klauen« ist in diesen Fällen nicht angebracht, es ist Rettung und Selbsthilfe aus größter Not; in Hamburg waren sogar fünfzig bis sechzig Todesopfer durch Erfrieren zu verzeichnen. ¶

Die schönste Überraschung brachte mir ein Morgen, als es hieß, dass zwischen 8:00 und 17:00 Uhr keine Straßenbahn fährt. In der Tat war der Straßenbahnverkehr zu 80 % lahmgelegt und in der Stadt herrschte Stille, eine schaurige Totenstille! Der Strom war nur von 6:00 bis 8:00 Uhr und von 17:00 bis 23:00 Uhr eingeschaltet und alle Betriebe blieben geschlossen. Eine Katastrophe, wie wir sie nicht kannten, schien sich anzubahnen. Aber nach einem Tag irrsinnigem Glatteis taute es, die Eisschollen auf dem halb zugefrorenen Rhein lösten sich langsam und das Leben, auch der Straßenverkehr, begann wieder. Als letzte Folge haben wir nun noch eine Brotkrise zu überwinden. Große Sorge macht uns auch wieder die Straßenbahn, die keine Reparaturmöglichkeiten besitzt. Dadurch verkehren jetzt die Züge nur noch mit einem Anhänger, obwohl bisher auch zwei keineswegs ausreichten. Ja, es ist ein sorgenvoller Alltag, der unser Leben hier bestimmt, aber wir müssen uns immer wieder vor Augen halten, was für ein Glück es ist, zu Hause sein zu dürfen! ¶

oben und Folgeseiten: Fringsen – wo immer möglich, versuchen die frierenden Kölner an Kohlen zu gelangen.

H

DR
Linz
5 319
Omm

Köln, den 23. März 1947

Lieber Engelbert! ¶

Dieser Brief erreicht Dich aus einem zu neuem Leben erwachten Köln, aus den heißersehnten Sonnenstrahlen und Frühlingslüften der Trümmerwüste am Rhein. Ja, es ist wahr, der Frühling ist seit einigen Tagen da, und die Not der Kälte hat hoffentlich für diesen Winter ein Ende gefunden. Draußen ist es warm, 14 Grad über Null, die Sonne scheint und auch die Vögel haben ihre Lieder wieder angestimmt. Die Arbeit ist nicht mehr gelähmt durch eiskalte Finger und noch kältere Füße. Und so geht es mit neuer Kraft daran, das in den letzten Wochen Versäumte nachzuholen. Aber eine andere Seite hat diese Jahreszeit doch, nämlich die, dass wir uns immer mehr vom Zeitpunkt der letzten Ernte entfernen, das heißt, unsere Vorräte (spärlich genug!) gehen rasant zur Neige. Bald haben wir keine Kartoffeln mehr, noch 30 Pfund ist der Bestand, das Gemüse ist auf einen halben Eimer Sauerkraut geschrumpft und Steckrüben zähle ich nur noch einige wenige im Keller. Brot ist seit letzter Woche wieder ein rarer Artikel geworden – Transportschwierigkeiten! Wie oft hatten wir das schon! Ein Lichtblick ist nur die Ankündigung eines Lebensmittelpakets aus Amerika, das uns ein Bekannter aus New York demnächst senden will. Aber das heißt, mal kurze Zeit gut leben, und dann geht der Kampf weiter. Na, wir machen das schon einige Jahre und es gehört zum Lebensrhythmus, dieses Jagen um die primitivsten Lebensbedürfnisse. Dazu gehören auch allwöchentliche Fahrten nach Frechen – dort stehen nämlich Kohlenzüge ... ¶

Ob wir es in diesem Jahr schaffen werden, wenigstens ein bisschen von diesem Stand aufzusteigen? Ich glaube nicht so recht daran. Wenigstens sieht es nicht danach aus, wo man auch hinhört. Manchmal muss man wirklich denken, was besser gewesen wäre, ein Ende so oder so? Aber ich glaube, das Beste wäre gewesen, dieses Unternehmen gar nicht zu beginnen. Dann wäre uns und der Welt manches erspart geblieben. ¶

Ich bin der Ansicht, dass es nicht das deutsche Volk oder das französische oder sonst eines gewesen ist, das in den tieferen Ursachen den Anstoß zu diesem Krieg gab, sondern dass es die ganze moderne, materialistische Welt ist, die Schuld an diesen Zuständen hat. Und es wäre die Aufgabe des Christentums, hier zu helfen und zu verändern, um den Menschen ein anderes, besseres Zeitalter zu bringen. ¶

Die unter Trümmern begrabenen Kölner Straßen werden in mühevoller Handarbeit wieder freigelegt. »Diese Woche wurde die Säuberung der Schnitzlerstraße vollendet und der zwischen Dürener Straße und Wüllnerstraße gelegene Teil der Landgrafenstraße in Angriff genommen. Allmählich bekommen die Straßen wieder ein anderes Gesicht, obschon bei uns in Lindenthal, auch dort, wo Leute wohnen, fast noch keine Straße geräumt ist.« (Brief vom 27. Oktober 1946)

Köln, den 30. März 1947

Lieber Engelbert! ¶

Nun ist schon wieder eine Woche dieses besch … Lebens unter den augenblicklichen Umständen vorüber und es sind nur noch acht Tage bis Ostern. Wenn man diese Zeit nur von der materiellen, weltlichen Basis besieht, findet man es kaum wert, zu leben. Und so denken viele Menschen ohne höheres Ziel, dass sie am liebsten mit einem kleinen Mittelchen um die Ecke gehen möchten. Man kann sie bestimmt verstehen, denn was uns in den letzten Tagen wieder geboten wurde, ist alles andere als ein Anreiz und eine Hoffnung auf eine bessere Zukunft. Seit heute ist die Wochenration Fett auf 13,5 gr. herabgesetzt. Was das bedeutet, kannst Du Dir vielleicht vorstellen, wenn Du Dir überlegst, dass vom damaligen Völkerbund 50 gr. Fett pro Tag als Mindestmenge bestimmt wurden. Diese bekommen wir also ungefähr im Verlauf von vier Wochen zusammen. Da hilft auch kein Ausgleich durch Brot, das zudem seit einer Woche äußerst knapp ist und fast nur aus Maismehl gebacken ist. Es sieht aus wie feinster Kuchen mit vielen Eiern, aber leider täuscht das Aussehen gewaltig – der Geschmack ist keineswegs mit Kuchen vergleichbar. Die Fleischration ist wohl auch nicht voll zu erhalten. Kartoffeln gibt es in den Geschäften schon seit sechs Wochen nicht mehr. Unsere eigenen Vorräte betragen nur noch 20 Pfund – dazu kommen 40 Pfund Steckrüben, alles »herrlichste« Qualität. ¶

Ist es bei dieser Lage, die wohl in allen Familien ähnlich besteht, verwunderlich, dass vor einigen Tagen etliche Tausend Menschen in Köln und allen Städten des Westens demonstrierten? In Köln zogen die Arbeiter von Klöckner, Carlswerk usw. über die General-Patton-Brücke, die vom Deutzer Messegelände zum Deutschen Ring an der Bastei führt, den Ring hinauf bis zum Rathaus am ehemaligen Kaiser-Wilhelm-Denkmal. Dort stauten sich die Massen und riefen den Oberbürgermeister Dr. Pünder in Sprechchören heraus. Dieser sprach dann auch, konnte aber keine entscheidende Aussicht auf Besserung der Verhältnisse geben, da die Befugnisse der Ernährung nicht bei ihm liegen, sondern bei einer deutschen Zentralstelle, die aber wiederum auf die Einfuhren der Militärregierung angewiesen ist. ¶

Entscheidendes zur Besserung unserer Lage können wir Deutschen nicht veranlassen, wir sind weiterhin auf die Gnade der Besatzung angewiesen; und wie es damit bestellt ist, haben wir, leider Gottes, in nun bald zwei Jahren zur Genüge erfahren. Ist es da verwunderlich, wenn viele Menschen ihren Glauben an Gerechtigkeit und Demokratie verlieren? Ist es christlich, ein Volk von 60 Millionen verelenden zu lassen? Sind das Freiheiten, die in der Atlantik-Charta allen, auch den Besiegten, versprochen wurden? ¶

Kölns OB Dr. Hermann Pünder

– – –

Köln, Ostermontag, den 7. April 1947 – –

–

Lieber Engelbert! ¶

Zunächst hoffe ich, dass Du dieses Osterfest der Zeit entsprechend gut verleben konntest. Es wird wohl, so glaube ich bestimmt, das letzte für Dich dort draußen gewesen sein. Aber ich muss ehrlich gestehen, viel hast Du hier an diesen Tagen nicht versäumt. Das Wetter scheint sich der allgemeinen Lage anzuschließen: Regen, Sturm und eine wenig angenehme Kühle sind die äußeren Zeichen, fehlende Ostereier, 100 gr. Fleisch und die gesamte monatliche Fettration die Osterzeichen für den Magen. ¶

Um so mehr macht da die seelische und geistige Kost aus. Und da gab es ja doch allerhand in der letzten Woche. Ich hatte Dir schon im letzten Brief angekündigt, dass ich mich in die Schlange für Karten zur Matthäuspassion einreihen wollte. So stand ich auch vorigen Montag 5:45 Uhr am Opernhaus, bis um 10:00 Uhr die Kasse geöffnet wurde. Aber mein Warten wurde belohnt. Ich bekam zwei wunderbare Plätze. Das Konzert war herrlich, erste Solisten, der gute Kölner Chor und das Orchester unter Leitung von Generalmusikdirektor Wand. ¶

Köln, 13. April 1947

Lieber Engelbert! ¶

Auch an diesem Sonntag Nachmittag sollst Du nicht vergessen sein. Ich hoffe, dass es Dir an diesem Weißen Sonntag auch besser geht als im gewöhnlichen Alltag. Hier herrscht heute ganz herrliches Wetter, strahlend blauer Himmel, kein Lüftchen regt sich und nach anfänglicher Kälte heute Morgen sind es jetzt um 20 Grad. Die Vöglein singen, die Bäume werden grün, kurz: Die Natur zeigt sich von der besten Seite und lässt einen so die blöden Alltagssorgen vergessen. ¶

Wie anders war es doch vor zwei Jahren. Damals waren wir in Plauen, noch in einer Kaserne, Tag und Nacht von Fliegern gepiesackt. Und an diesem Weißen Sonntag lagen wir bei schönem Wetter im Freien und guckten den Luftkämpfen der Jabos (Jagdbomber) zu, bis uns der Ruf: »Verbände!« aus der Ruhe schreckte. Hinter den ersten Rauchzeichen rauschte schon gleich der Teppich heran, 100 Meter von uns entfernt. Kaum vom Schrecken erholt, kommt Nr. 2, er landet in unserer direkten Umgebung, links, rechts, vor uns, hinter uns, wir sind von Dreck und Lehm beschmiert. Aber wir müssen an den Boden gepresst liegen bleiben und noch vier bis fünf Teppiche über uns ergehen lassen. Endlich wird es ruhiger, der Qualm verzieht sich, langsam wird man sicher auf den Beinen. Aber wie viele stehen nie mehr auf… ¶

Köln, den 10. Mai 1947

Lieber Engel! ¶

Nun sitze ich in Hemdsärmeln in unserem neuen Wohnzimmer, das, wie ich Dir ankündigte, nach langem Warten in frühlingshaftem Glanz erstrahlt. Auch Badezimmer und Flur sind renoviert, so dass bis zum Friedenszustand der Wohnung nur noch zwei Zimmer zu bearbeiten sind. Und das wird noch in diesem Sommer erfolgen. In unserem Schlafzimmer muss noch Parkett nachgelegt und Decken und Wände gestrichen werden. Ebenso soll das alte Wohnzimmer, jetzt Schlafzimmer meiner Mutter, noch schön gemacht werden. Aber auch so sind wir schon ganz zufrieden. Schade nur, dass nicht alle Sachen unser Eigentum sind, denn einen schönen Teppich zum Beispiel werden wir in einigen Wochen zurückgeben müssen. Wir wollen sehen, dass wir dafür Ersatz bekommen. Schöne Blumen, rote Tulpen und herrlich duftender Flieder zeigen neben den oben erwähnten Hemdsärmeln, dass nun endgültig der Frühling, wenn nicht gar der Frühsommer angebrochen ist. Draußen ist es seit einigen Tagen schrecklich heiß, mehr als 25 Grad. Noch vor wenigen Tagen hatten wir Nachtfröste. Das werden wohl die verfrühten Eisheiligen gewesen sein. Nun ist es nicht mehr so wie im Winter, dass man kaum schreiben konnte vor Kälte, dass man zu Hause auf einem Zimmer hockte – all diese Unannehmlichkeiten sind vergessen. Trotzdem liegt über dieser Freude schon ein neuer Schatten, auch wenn man ihn im Moment gar nicht sehen will, und das ist der nächste Winter. Weit vordringlicher ist aber wie-

der mal die Ernährung. An Stelle von 1500 Kalorien (das Wort ist das Witzwort der Zeit), werden zur Zeit nur ca. 700 – 800 Kalorien pro Woche an die Bevölkerung ausgegeben. Eine Fahrt meiner Mutter ins Sauerland vorige Woche brachte uns 1 Zentner Kartoffeln und einige Pfund Brot ein, so dass im Moment bei uns noch keine akute Krise herrscht. Dazu kam gestern noch ein erstes Paket aus Amerika. Trotzdem aber geht das Rennen weiter. Gemüse und Fleisch (100 Gramm pro Woche) sind rar und die 4-Pfund-Kartoffel-Wochenration haben wir schon seit Weihnachten nicht mehr gesehen. ¶

Ersatz dafür gibt es nicht, eventuell unseren geliebten Mais. Die Fama berichtet, dass einige Leute nach Genuss des Maisbrotes und der Maissuppe schon Eier legten … Als nächstes Austauschgetreide ist Hirse vorgesehen, Taubenfutter. Wenn wir Jungen nicht den nötigen Humor aufbringen würden, wäre die Sache mehr als zum Heulen. ¶

– – –

Köln, den 18. Mai 1947 – –

–

Lieber Engel!

Schon wieder ist eine Woche herum, die Zeit fliegt nur so, aber das ist gut, denn in diesen Jahren möchte ich nicht länger als unbedingt notwendig verweilen. Christi Himmelfahrt war ich nachmittags in Frechen in unserem nächstgelegenen Kino. Es war kein besonderer Film, der gegeben wurde, aber es war interessant festzustellen, dass ein großer Teil der Lindenthaler Jugend dort war. Denn in Lindenthal ist ja nichts los, und Frechen ist unzerstört und lässt sich mit der F gut erreichen. Eine blöde Einrichtung ist die doppelte Sommerzeit, die wir seit vorigem Sonntag hier haben. Dadurch soll Strom gespart werden, in Wirklichkeit ist aber der ganze normale Lebensrhythmus aufgehoben. Ich stehe jeden Morgen um 5:00 Uhr auf und gehe abends um 9:00 Uhr ins Bett. Zu Mittag esse ich um 11:00 Uhr, Dienstende ist um 15:00 Uhr. Aber für uns ist die Zeitverschiebung noch erträglich, während die Bauern ihr ganzes Tageswerk umstellen müssen. Du weißt wohl besser als ich, wie früh das Vieh am Morgen versorgt werden muss oder was es heißt, in der größten Mittagshitze, die bei uns zwischen 14:00 und 15:00 Uhr liegt, auf dem Feld zu arbeiten. Und dass sich der Bauer um die Zeitverschiebung nicht kümmert, ist praktisch undurchführbar. Verrückte Zeiten! ¶

Auf Wiedersehen in besseren! ¶

———

Köln, den 8. Juni 1947

–

Lieber Engel! ¶

Nach Unterbrechung unseres Briefverkehrs am letzten Sonntag wegen Zeitmangels sollst Du nun heute wieder vom Leben in Köln hören. Zunächst die Wetterlage, die ja entscheidend auf unser körperliches und seelisches Wohlergehen wirkt. Nach einer vierzehntägigen Hitzewelle mit Höchsttemperaturen von 35 Grad im Schatten und 55 Grad in der Sonne, ist nun seit einigen Tagen kühles, unfreundliches Wetter unser Gast, aber das ist gut so, denn die Vegetation war schon stark vertrocknet und der Regen, der uns augenblicklich immer wieder beglückt, war dringend notwendig, damit nicht alles komplett verdorrte. Abends war es in Folge der doppelten Sommerzeit, die gottseidank in drei Wochen wieder aufgehoben wird, unmöglich, vor Mitternacht ins Bett zu gehen. Die Folge war eine schreckliche Müdigkeit am nächsten Tag, noch verstärkt durch die übliche Ernährung, die jetzt, einige Wochen vor der neuen Ernte, noch die schwerste Krise zu durchstehen hat. Hoffen wir, dass uns der Herrgott eine reiche Ernte schenkt und uns so geholfen wird, unsere Not etwas zu lindern! ¶

Bei der Hitze der letzten Zeit war das Stadion natürlich wieder dicht belagert. Es war kaum möglich, sich dort durch die Menschenmengen zu schlagen, und die Straßenbahnen nach und von Müngersdorf waren in einem fort überfüllt. Der Aufenthalt außerhalb der Trümmer war bei dieser Hitze aber auch das einzig Gegebene. Ich war während dieser Zeit einmal im Theater, einer Operette, aber dort habe ich entsetzlich geschwitzt. Mit Walter und Werner, der ein paar Tage in Köln war, besuchte ich Mittwoch abend ein Schauspiel eines modernen amerikanischen Autors, Thornton Wilder: »Wir sind noch einmal davongekommen«. Ein sehr viel diskutiertes Stück, das ganz aus dem Rahmen des bei uns bisher Üblichen fällt. Ohne Vorhang, von der Bühne in den Zuschauerraum übergehend, brachte es ein packendes Bild der Menschheit in der Eiszeit, vor der Sintflut und nach dem heutigen Bombenkrieg. Hoffen wir, dass ein 4. Akt, nach dem Atomkrieg, nicht geschrieben zu werden braucht. Ich glaube, dann können wir wohl nicht mehr sagen: Wir sind noch einmal davongekommen! ¶

Hauptereignisse der Woche waren die Prozessionen am Fronleichnamstag. Morgens war zunächst in Hohenlind ein feierliches Hochamt, anschließend die erste Prozession. Nachmittags bzw. abends um 19:00 Uhr startete die Domprozession, der Hitze wegen (die aber seit Mittwoch bereits abgezogen war!) auf diesen späten Zeitpunkt verlegt. Die Beteiligung war wieder sehr stark. Ohne Segensaltäre ging es über Gereonstraße, Hansaring, Eigelstein, Marzellenstraße zurück zum Dom, wo am Südportal der Schlusssegen erteilt wurde. Anschließend mussten wir zu Fuß nach Lindenthal zurückgehen, so dass wir um 23:00 Uhr hundemüde zu Hause eintrafen. ¶

Heute Morgen fand die Prozession der Pfarrei St. Stephan statt, durch die Ruinen von Lindenthal, die ebenfalls sehr eindrucksvoll war. Alle hatten sich Mühe gegeben, das unschöne Bild der Trümmer durch Zweige zu verdecken. ¶

Darüber hinaus gibt es im Moment nicht viel zu berichten. Vielleicht noch, dass ein Bagger seit einiger Zeit die Ruinen unserer Umgebung anfährt und dort alles umlegt, was nicht mehr aufbaufähig ist. Die Steine werden geborgen und zu Neubauten verwandt. In Kalk ist die erste Trümmerverwertungsanstalt in Betrieb genommen worden. Dort werden den Trümmern unbeschädigte Steine, Deckenplatten und anderes Baumaterial entnommen. Aber was nützt all dieser kleine Anfang – an einen großzügigeren Aufbauplan wird man bei unseren Wirtschaftsverhältnissen in langen Jahren noch nicht denken können. ¶

Köln, den 22. Juni 1947

Lieber Engel! ¶

Herzlichen Dank für Deine Zeilen vom 28.5.1947, die mich dieser Tage erreichten. Ja, ich kann mir denken, dass für Euch der erste Entlassungsplan eine Enttäuschung ist, denn ich weiß, wie sehr man auf jede günstige Nachricht lauert. Hoffen wir, dass Du mit dem Termin Weihnachten '48 recht behältst; wer weiß, vielleicht klappt es vorher auch schon. Schade ist ja neben allen anderen Umständen, dass Ihr in Eurer Berufsentwicklung kaum weiter kommt und langsam im Alltag zu versturen droht. Wenn man keine geistige Anregung hat, es sei denn mal eine kleine Schrift, ist dies ja leicht eine Gefahr. ¶

Hier besteht leider auch oft die Gefahr, sich im Alltagstrott zu verlieren. An zwei Tagen in der Woche bin ich unterwegs nach Frechen, wir haben noch immer keine Brennstoffzuteilung bekommen und sind weiter auf Selbsthilfe angewiesen. Ein weiterer Tag ist für die Lebensmittelversorgung freizuhalten. Gleuel, der Kreis Bergheim oder der Siegkreis sind meine Reviere. Wieder an einem anderen Abend muss man für Brennholz sorgen. Nun sind die Abende ja jetzt sehr lang, bis ungefähr 23:30 Uhr bleibt es hell, und da lässt sich manches ausrichten; aber trotzdem wäre ich froh, wenn ich diese Sachen vom Hals hätte. ¶

Eine wertvolle Bereicherung unserer Einrichtung stellte der Fund unserer Nähmaschine dar, die wir seit dem Totalschaden

Der äußerlich fast unversehrte Dom ragt über
die zerstörte Kölner Innenstadt.

1944 als Verlust betrachtet hatten, und die sich jetzt auf seltsame Art und Weise in unserem Haus, auf der Etage unter uns wiederfand!!! Dort hatte sie, ohne unser Wissen, der Wohnungsinhaberin zwei Jahre lang treue Dienste geleistet. Nun haben sich auch eine Reihe anderer Diebstähle aufgeklärt und wir haben 2 % Hoffnung, noch andere Sachen aus unserem Keller wiederzufinden, der unserer bisherigen Meinung nach total ausgebrannt war. Schöne Geschichten! Mit Dieben in einem Haus zu wohnen – dieses Vergnügen haben wir dem Chaos im Mai 1945 zu verdanken. ¶

So, Engel, das wäre der neueste Bericht.
Es grüßt Dich in alter Freundschaft und Treue ¶

Dein Paul ¶

Ein Blick vom Dom zeigt das ganze
Ausmaß der Zerstörung.

Köln, den 6. Juli 1947

—

Lieber Engelbert! ¶

Nachdem ich vorigen Sonntag versäumt habe zu schreiben, will ich mir nun wieder die Zeit dazu nehmen. Die letzten Wochen brachten mir manch interessante Stunde, besonders aber der heutige Sonntag Nachmittag, wo ich nach vier Jahren zum ersten Male wieder Gelegenheit hatte, in den Dom zu gelangen. Durch eine Führung der Katholischen Studentengemeinde, der ich mich anschloss, konnte ich sehen, wie sehr der Dom doch unter den Kriegsschäden gelitten hat. Wir stiegen zunächst auf den Turm und hatten von dort die schaurige Aussicht auf die Trümmer unserer Vaterstadt. Vor allem die Südstadt machte einen erschütternden Eindruck. Wie man dieses alles wieder aufbauen will, ist mir ein Rätsel. ¶

Mit Sicherheit werden wir das Ende dieser Arbeiten bei weitem nicht mehr erleben. Im Inneren des Domes waren fast alle Gewölbe eingestürzt, und dies nicht nur durch den Bombenkrieg, sondern zu einem großen Teil durch die Sprengungen der Nachkriegszeiten. Bis zur 700-Jahrfeier hofft man jedoch, Mittelschiff und Chor, ersteres nur bis zur Höhe der Kanzel, sowie die beiden Seitenschiffe so weit hergestellt zu haben, dass dort Gottesdienst gehalten werden kann. Das wird natürlich nicht einfach, aber die Leute der Domhütte sind mit Leib und Seele bei der Arbeit, und an ihnen wird es wohl nicht scheitern. Einen Teil des Domes will man allerdings im Moment noch nicht weiter in An-

rechts und Folgeseiten:
Die völlig zerstörte Altstadt rings um den Dom.

griff nehmen, weil man dort mit Erdarbeiten beschäftigt ist und auf die Fundamente eines römischen Tempels, den *ara ubiorum* gestoßen ist, also auf den ältesten Ursprung Kölns. Wir werden hier in den kommenden Jahren noch manch wertvollen Fund machen können. ¶

Köln, den 13. Juli 1947

Lieber Engel! ¶

Schon wieder ist eine Woche vergangen und der Tag gekommen, wo ich der Pflicht Dir gegenüber gedenken muss. Ich habe heute Besuch meines oder vielmehr unseres alten Schulfreundes Karl-Dieter A., den Du von Aposteln und auch als Lindenthaler sicher noch kennen wirst. Wir haben unsere Verbindung weiter aufrecht erhalten können, obwohl er 1938 von Köln weggezogen ist. Der Hauptgrund seines Besuches war, einmal Kölner Kulturluft zu riechen, denn er wohnt in Düren, das durch den Krieg und die Frontzeit erheblich mitgenommen ist, und wo man an ein kultiviertes Theater so leicht nicht denken kann. So hatten wir denn gestern abend eine schöne Aufführung von Mozarts »Figaros Hochzeit«. Das schöne Wetter heute Morgen reizte zu einem Spaziergang im Stadtwald und zu einer Kahnpartie. ¶

Für den Anfang der Woche, Montag und Dienstag, sind im Rahmen eines Beethoven-Zyklus zwei gute Konzerte angesagt. Ich freue mich schon riesig darauf. Werner ist seit drei Tagen wieder weg, nachdem er vierzehn Tage bei uns gewesen war. ¶

Ja, Engel, ich weiß diesmal nicht viel zu schreiben, es mag sein, dass die Hitze meine Gedanken hat vertrocknen lassen. Die Hauptsache aber ist erfüllt, Du hast wieder etwas aus der Heimat gehört. Du weißt, dass wir Dich nicht vergessen, wenn Ihr auch schon so lange fort seid und uns die Zeit, die wir zusammen verbracht haben, sehr weit entfernt erscheint. Ich hoffe, bis wir uns wiedersehen, wird eine solch lange Zeit nicht mehr vergehen. Bis dahin aber bleibe gesund und munter! ¶

Für heute viele Grüße
Dein Paul ¶

Köln, den 10. August 1947

Lieber Walter! * ¶

Meinen Brief muss ich mit einem zweifachen Glückwunsch beginnen. Zunächst wünsche ich Dir und Deiner Frau alles Gute auf Eurem Lebensweg. Mag es auch heutzutage schwer sein, sich ein gemütliches Nest zu schaffen, so ist es doch viel leichter, die schweren Zeiten gemeinsam zu erleben und zu überstehen. Also nochmals: Herzlichen Glückwunsch! ¶

Zum zweiten freue ich mich, dass Du noch unter den Lebenden weilst, bzw. nicht unter den Versklavten, denn nachdem zwei Briefe meinerseits an Dich unbeantwortet blieben (sie werden wohl verloren gegangen sein), nahm ich schon das Schlimmste an. ¶

Ich will Dir nun einen möglichst guten Überblick über die Zustände hier geben, denn es ist ja leider so, dass wir in unserem deutschen Vaterland so weit auseinanderleben, dass man kaum Genaues voneinander weiß. Wenn ich nun zunächst mit mir selbst beginne, so nimm dies bitte nicht als Unbescheidenheit auf. ¶

Ich bin auf verschiedene Art Deinen Spuren nachgewandert und zwar einerseits, indem ich mich ebenfalls mit einem Paratyphus ins Krankenhaus gelegt habe. Erst seit drei Tagen bin ich wieder zu Hause. Es ist gottseidank nicht allzu schlimm gewesen, so dass ich noch mit einem blauen Auge davongekommen bin. ¶

* Walter S., ein Bekannter aus dem Arbeitsdienst, lebte damals in der Nähe von Dresden.

Den Gewichtsverlust habe ich durch gute Verpflegung im Krankenhaus während der Wartezeit auf den dreimaligen negativen Befund wieder aufholen können. Ich bin zwar noch nicht arbeitsfähig geschrieben, aber solche Ferien außer der Reihe verachtet man ja im allgemeinen nicht. ¶

Andererseits bist auch Du mir nachgefolgt, und zwar auf dem Wege zum Finanzamt. Ich weiß nicht, ob Dir bekannt ist, dass ich seit Juni 1946 als Finanzanwärter auf einem Kölner Finanzamt, dem größten der britischen Zone, eingestellt bin. Bei Euch gibt's ja keine Beamten mehr, aber bei uns wurden im Jahr 1946 noch ca. 30 Mann im gesamten OFP-Bezirk eingestellt, darunter auch ich. Für uns Leute im Vorbereitungsdienst ist die Ausbildung schwierig, vor allem, da die Gesetzestexte fehlen. Eine kleine Neuauflage des EstG, UstG, GewStG, VStG und der AO brachte mir jedoch eine wesentliche Erleichterung. Weniger angenehm ist die Tatsache, dass auf unserem Amt die Veranlagung 1944/45 noch nicht durchgeführt ist und dass bei der KöSteuer auch 1942/43 noch vielfach aussteht. Das kommt daher, dass hier 1944 alles geräumt wurde (von 750.000 Einwohnern Kölns waren bei der Besetzung noch 30.000 anwesend) und die großen Firmen infolge von Kriegsschäden mit ihren Bilanzen noch lange nicht klar kommen. Bei den riesigen Firmen, die wir führen, Du wirst wohl die Namen Ford Company, Rheinisches Braunkohlensyndikat (mit allen westdeutschen Braunkohlegebieten), Allianz-Versicherung, Klöckner Humboldt Deutz uva. kennen und Dir einen Begriff von der Arbeit machen können. Unser Steueraufkommen betrug früher auch schon eine mehrstellige

Millionenziffer. Aber die Arbeit gefällt mir und ich hoffe hier eine ordentliche Grundlage für mein späteres Fortkommen zu schaffen. ¶

Die wirtschaftliche Lage der Westzonen ist auch alles andere als rosig. Unser größtes Sorgenkind als Großstädter ist naturgemäß die Ernährung und da muss ich sagen, dass die Lage noch nie so besch... war wie in diesen Sommermonaten, das heißt, ich muss mich berichtigen: die Lage in diesem Sommer im Vergleich zu dem vorigen und vorvorigen Sommer. An sich müsste es uns an Gemüse jetzt nicht allzu sehr fehlen, ebenso wäre die Kartoffellage nicht so prekär, wenn nicht die Trockenheit und der lange Winter uns alles verdorben hätten. Stell Dir vor, dass wir hier mitten in den Gemüseanbaugebieten tagelang ohne Gemüse sitzen. In den Geschäften gibt es fast gar nichts, und den Bekannten im Umland, die einen im Vorjahr reichlich mit Gemüse bedachten, ist alles vertrocknet. Mit den Kartoffeln geht es ebenso. Ich werde in dieser Woche wieder einmal unseren Kompanie-Kameraden F. H. aufsuchen, der 30 km von Köln entfernt wohnt und mir schon oft aus der Not geholfen hat. Aber ein halber Zentner, oder wie viel es sein mag, ist für eine vierköpfige Familie nicht allzu viel. Wenn man Glück hat, erwischt man auf dem Schwarzen Markt mal 1 Zentner, der dann auch mindestens 300 Reichsmark kostet. Aber was will man machen? Man kann sagen, dass der BBC (Black Business Corporation) die meisten vor dem Hungertod bewahrt hat. Er ist fast der sicherste Lieferant aller Dinge. ¶

Und wer sich genügend Geld erschoben hat, kann auch dementsprechend leben und sich allen Luxus erlauben. Es gibt ja Gaststätten hier, in denen man friedensmäßig essen und trinken kann, alles natürlich zu den entsprechenden Preisen, die so in den Hunderten liegen. Aber wer nicht maggelt, der waggelt, ist ein neues Sprichwort hier, und die Leute haben recht. Zu den Laufereien um das tägliche Essen kommt die Sorge um den Brennstoff. Zwar liegen die Braunkohlengruben ungefähr vor Kölns Haustür und es gibt sogar Transportmöglichkeiten mit Pferdefuhrwerken, trotzdem haben wir in diesem Winter erbärmlich gefroren. Damals riss es ein, dass wir auf der Bahnstrecke die Briketts und Kohlen von den Zügen herunterholten. Es gab Tage im Winter, wo halb Köln auf den Beinen war, um sich mit Brennstoff einzudecken bzw. das Notwendigste zu holen. Da sah man dann Männer wie Frauen, alt und jung, hübsche Mädels im Pelzmantel, Opernsänger, Regierungsräte, Kinder – alle die, die keine Möglichkeit zur »Kompensation« hatten oder die das Geld von 25 Reichsmark pro Zentner nicht aufbringen konnten. Die Polizei war zeitweise vollkommen machtlos gegen die Leute. Auch derzeit ist noch ein Abend oder jetzt meist eine Nacht für diese Tätigkeit vorgesehen. Denn da infolge der Kriegsschäden kein Gas da ist, müssen die Hausfrauen im Sommer mit Kohlen kochen – und dabei steht der nächste Winter ja auch wieder irgendwann vor der Tür. ¶

Diese beiden Punkte sind es, die unser Leben bestimmen sowie jegliche Planung von Ferien und Freizeit. ¶

Wenn Du meinst, dass wir hier so etwas wie eine Kleiderkarte besitzen, bist Du falsch orientiert. Unsere ganze Familie, wir sind totalfliegergeschädigt, hat nach dem Krieg noch nicht einen Bezugsschein für Textilwaren oder Schuhe oder sonst etwas bekommen. An Möbel gar nicht zu denken. Hätte man nicht gute Verwandte und Bekannte, ich würde nackt auf dem Fußboden schlafen und mich ebenso unter das Volk mischen müssen. BBC liefert natürlich einen prima Maßanzug – für 3 bis 4000 Reichsmark! Aus den mitgesandten Zeitungen, die Dich hoffentlich erreichen, wirst Du alles offen lesen können. Das ist bei uns ja der Vorteil, dass wir die Schnauze auftun dürfen. Leider aber hat es in den meisten Fällen keinen Einfluss auf den Gang der Dinge. Und dann hat man vom Schimpfen letzten Endes auch nicht allzu viel. ¶

Eines, worüber wir uns nicht beklagen können, ist das sportliche Gesicht, insbesondere von Köln. Gestern zum Beispiel sah ich hier die deutsche Leichtathletikmeisterschaft, vor einigen Wochen das deutsche Derby als Pferderennen, gute Fußballspiele, Boxkämpfe, Radrennen und so weiter. ¶

Auch die Kunst kommt keineswegs zu kurz. Ein sehr gutes Theater mit René Deltgen, Dorit Kreysler und anderen, sowie eines der besten deutschen Symphonieorchester bringen interessante Programme. In Tanzlokalen spielen 1a Kapellen Hot in jeder Schattierung (hier sind meist die Treffpunkte der Schwarzhändler), und Varietés an verschiedenen Stellen der Stadt sorgen auch in dieser Hinsicht für Abwechslung. Kinos sind noch nicht all-

Auch das Krankenhaus Lindenburg war nicht von Bomben verschont geblieben.

Der Dom war für viele Kölner ein Sinnbild der Beständigkeit, an dem sie sich in ihrem Elend aufrichten konnten.

oben und Folgeseite: Wer sich über den Schwarzmarkt versorgte, musste sich vor der allgegenwärtigen Polizei hüten.

zu viele auferstanden, der Schutt und die Trümmer überwiegen noch zu sehr in Kölns Stadtbild. ¶

Und dies wird sich so bald auch nicht ändern. Ich hatte kürzlich Gelegenheit, Köln vom Domturm aus zu sehen, ein erschütterndes Bild, wie diese schöne Stadt zugerichtet worden ist. Wenn man das sieht, muss man sich fragen, können wir einen Aufbau überhaupt schaffen? Ja, es gibt so viele Probleme, dass man manchmal verzweifeln möchte. ¶

Deinen Wunsch bezüglich der Kopierstifte kann ich leider nicht erfüllen, da auch bei uns weder an Blei- noch an Kopierstifte zu kommen ist. O, armes Deutschland! Lieber Walter, Dir und Deiner Frau – unbekannterweise – alles Gute! Lass mal von Dir hören! ¶

EINE
DEUTSCHE
MARK

Köln, den 17. August 1947

Lieber Engel, lieber Günther! * ¶

Nachdem ich nun aus dem Krankenhaus entlassen bin, kann ich meine regelmäßigen Episteln wieder aufnehmen. ¶

Unser Leben hier ist weiter von der Hitze bestimmt. 35 Grad im Schatten genügen uns vollkommen. Dazu kommt, dass man fast ständig unterwegs ist, für ein paar Essenssachen oder für Briketts – da kann man noch mehr Schweißtropfen vergießen. Kulturell ist wenig los, alles hat Ferien, außer unserem neuen Williams-Theater. Dieses ist von einem Zirkusunternehmen, dem früheren Zirkus Althoff, errichtet worden, und zwar durch Pferdemist!!! Dieser wertvolle Stoff diente als offizielles Tauschobjekt für Schwemmsteine aus der französischen Zone. Die anderen Materialien bekam der Besitzer als Engländer auf Grund seiner Verbindungen. Das Theater, ein großes, stabiles Zirkuszelt, steht an der Aachener Straße, gegenüber dem Aachener Weiher. Als Premierenstück gibt es die Operette »Die Csardasfürstin« zu sehen, mit der Filmschauspielerin Dorit Kreysler in der Hauptrolle. ¶

Sportlich hatten wir vergangenen Sonntag die deutsche Leichtathletikmeisterschaft und heute den ersten Leichtathletik-Wettkampf auf internationaler Basis, nämlich Uni Oxford gegen deutsche Studenten aus der Westzone. Das Motorradrennen auf dem Nürburgring heute ist für uns nicht zu erreichen, da entgegen

* Günther K., ein Mitschüler, befand sich ebenfalls in Kriegsgefangenschaft in Frankreich

ursprünglicher Meldungen der Zonenübertritt auch mit einer Eintrittskarte nicht möglich ist. So vertrösten sich die Liebhaber, falls sie doch nicht schwarz fahren, mit dem angekündigten Rennen auf der Bonner Autobahn. Die große Verkehrsschau auf dem Messegelände konnte ich leider wegen meiner Krankheit nicht besichtigen, man muss dort einen sehr interessanten Einblick in unsere Verkehrs- und Wirtschaftsverhältnisse erhalten haben. Allerdings glaube ich, dass man auch ohne Ausstellung feststellen kann, dass auf diesem Gebiet noch nicht viel los ist ... ¶

Einen Fortschritt in unseren Filmtheatern stellt die Neueröffnung des Phöbus in der Sülzburgstraße und eines Kinos in Bickendorf dar. Die Sülzburg-Lichtspiele sind mit über 600 Sitzen das größte Filmtheater Kölns. Die erste Zeit nach dem Krieg war in Köln nicht ein Kino aufzutreiben. Ich war das erste Mal nach dem Krieg im Frühjahr '46 im Kino. Damals musste man nach Brühl fahren. Das erste Kölner Kino eröffnete in Merheim. Dann kamen in Bickendorf, Ehrenfeld, Ostheim, Dünnwald und anderen entfernteren Vororten welche hinzu. In der Stadt selbst gibt es nur zwei. Eines spielt nachmittags im Millowitsch, das andere, Nachfolger des Ufa-Palastes, ist der Schwerthof am Neumarkt. ¶

Die neuen Hahnentorlichtspiele am Rudolfplatz

– – –

Köln, den 7. September 1947

–

Lieber Günther, lieber Engel! ¶

Nun hat uns hier so langsam der Herbst mit seinen kühlen Tagen ein wenig Erholung von der Tropenhitze des Sommers gebracht, die Temperaturen des Tages liegen um 20 Grad, nachts sinken sie auf bis zu 10 Grad herab. Aber der schon seit Juni heißerwartete Regen ist noch immer nicht eingetroffen. Es scheint bald so, als ob es hier gar nicht mehr regnen wollte; hat sich der Himmel einmal zugezogen und sieht es so aus, als ob jeden Augenblick eine ordentliche Portion herunterkommen würde – so tut sich am Ende doch nichts. Der Erfolg ist, dass auch unsere Hoffnung auf eine einigermaßen gute Zuckerrübenernte so ziemlich dahin geschwunden ist. Wie es in diesem Winter werden wird, ist die Sorge, die uns von Tag zu Tag mehr bedrückt. Nur der Brennstofffrage sind wir speziell nun enthoben, weil sich unsere Verwandtschaft um eine Brikettlieferung an uns bemühte. So haben wir nun 50 Zentner Briketts im Keller, eine Menge, mit der man schon ganz schön weit kommen kann. ¶

Vom Wiederaufbau mag interessieren, dass dieser Tage endlich das erste Stück der neuen Brücke zwischen Neumarkt und Deutz montiert worden ist. Eigentlich hatte man gehofft, bis Ende 1947 diese dann modernste Straßenbrücke Europas fertigzustellen, aber nun hat man sich um mindestens ein Jahr vertröstet. Die Brücke ist vom gleichen Konstrukteur, der die Rodenkirchener Brücke erbaute, die leider total zerstört ist und an deren Aufbau man noch nicht denkt. Die neue Brücke ist keine Hängebrücke wie die alte, sondern eine Bogenkonstruktion, ähnlich wie in Rodenkirchen, nur ohne die hohen Masten zum Tragen der Kabel. Nach deren Fertigstellung wird das linksrheinische und das rechtsrheinische Köln auch wieder durch eine Straßenbahn verbunden sein. ¶

Was das für eine Erleichterung darstellt, könnt Ihr Euch vorstellen, wenn man bedenkt, dass man zur Zeit für eine Rheinüberquerung mindestens 35 – 40 Minuten rechnen muss. Hoffen wir, dass alles klappt und dieses Hindernis bald beseitigt sein wird. Auch an der Hohenzollernbrücke will man eine behelfsmäßige Verbindung über den Rhein herstellen, damit der Hauptbahnhof nicht Jahrzehnte ein Kopfbahnhof bleibt. Die Pläne sind groß, die Mittel klein. Das hemmt alles ungeheuer. Wir müssen uns mit den meisten Sachen von einem Jahr auf das andere vertrösten … ¶

Köln, 21. September 1947

Lieber Günther, lieber Engel! ¶

Zum Beginn meines Briefes habe ich diesmal besondere Grüße an den Engel auszurichten, dessen Eltern ich diese Woche in Honnef besuchte. Wir haben mit unserem Amt eine Schiffstour dorthin gemacht und da habe ich die Gelegenheit zu einem Besuch wahrgenommen. Von ihnen hörte ich, dass Du Dich, lieber Engel, als Zivilarbeiter gemeldet hast. Ich hoffe, Dir werden dadurch ein paar Annehmlichkeiten zuteil und auch die Hoffnung auf eine nicht allzu ferne Rückkehr. ¶

Bei uns sieht es so aus, als ob der blaue Himmel endlich verschwinden wollte, um auch dem Regen noch einmal sein Recht zu gönnen. Ich glaube, die Regentage seit Mai lassen sich bequem an den Fingern abzählen! Die Folgen werden wir leider zu sehr im Winter und im Frühjahr spüren müssen. Euch wird wohl sicher interessieren, wie es mit dem Wiederaufbau der Stadt aussieht, und so will ich dies heute etwas ausführlicher schildern. ¶

Eine generelle Planung ist noch nicht in die Tat umgesetzt und wird wohl auch nicht so leicht Wirklichkeit werden können. Vielmehr ist es so, dass hauptsächlich in den Vororten diejenigen, die Geld und Tauschware haben, daran denken können, ihr Eigentum herzurichten. Eine Betondecke ist in die ausgebrannten Häuser schnell einzuziehen, auch lässt sich auf einem noch vorhandenen Keller einigermaßen leicht (relativ gesehen!) ein

vorige Doppelseite: 1947 begann der Neubau der Deutzer Brücke – ein wichtiges Signal für den Wiederaufbau.

Neubau ermöglichen. Die Schwierigkeiten liegen in der Holzbeschaffung und im Innenverputz. Die Dachkonstruktionen sind zum Teil aus Stahl, ebenso sieht man viele Fenster aus Stahl. Die Zahl der in Lindenthal bereits aufgebauten Häuser schätze ich auf ca. 70 – 80, das heißt, der größte Teil ist noch im Bau. Die Häuser und Geschäftslokale entstehen meist für Lebensmittelgeschäfte, Restaurants, Tabakwaren, Metzgereien, Bäckereien und so weiter. Leute, die keine Geschäfte besitzen und auch sonst nicht an Waren herankommen, lassen von der Bauerei am besten ganz die Finger. Die Stundenlöhne der Arbeiter betragen um die 5 Reichsmark, dazu kommt noch die Verpflegung. Manche Arbeiter machen es so, dass sie tagsüber bei einer Firma beschäftigt sind – für das Arbeitsamt – und nach Feierabend schwarz arbeiten. Am Tage ruhen sie sich dann aus, um abends noch zu schaffen. Für jeden Bau ist eine Genehmigung nötig. Diese wird normalerweise erteilt, wenn die Notwendigkeit des Baus besteht und die Behörde durch Bezugsscheine den Leuten die Materialien besorgt. Da aber seltsamerweise im Laufe der Jahre die verbauten Zementmengen nur 15 % der Gesamtproduktion betragen, werden die restlichen 85 % wohl auf dem schwarzen bzw. grauen Tauschmarkt an den Mann gebracht. Das Baulenkungsamt erteilt die Genehmigung zum Bauen jetzt den Leuten, die sich von irgendwoher ihre Baumaterialien besorgt haben. Eine seltsame Vorgehensweise, aber wenigstens wird etwas gebaut und der Amtsschimmel ist umgangen. ¶

In der Altstadt – Ehrenstraße, Friesenstraße, Severinstraße – sieht man ein paar kleinere Arbeiten, sonst ist dort die Bautätigkeit im

Großen und Ganzen gesperrt. Dasselbe gilt für Lindenthal auf der Dürener Straße und überhaupt überall, wo die Stadt größere Pläne für den späteren Neubau hat. ¶

Die Konstruktion der neuen Brücke beschrieb ich Euch schon kürzlich. Jetzt sah ich die ersten eingebauten Teile. Wenn die Brücke fertig ist, haben wir auch nicht mehr ein solches Durcheinander wie zur Zeit, wo durch den niedrigen Wasserstand des Rheins (42 cm, an der tiefsten Stelle bei Köln ca. 1 m) die Fährboote kaum noch verkehren können. Mit Hilfe von Baggern, die die Fahrrinne freischaufeln, hofft man den Betrieb aufrecht zu erhalten. Unsere Fahrt mit dem Weberschiff diese Woche musste immer wieder unterbrochen werden, da die Schraube über den Grund schürfte! Wir erleben verrückte Zeiten mit dem Wetter in diesem Jahr. Ob die Menschen und der Himmel überhaupt noch mal normal werden? ¶

Köln, den 9. Oktober 1947

Liebe Boys! ¶

Ich fühle mich tief schuldig ob meines längeren Schweigens. Aber die letzten Wochen brachten so viel Arbeit, dass ich kaum zum Schreiben kam. Neben meinem Dienst auf dem Finanzamt und dem dazugehörigen Hausstudium habe ich noch die Arbeit mit der Versicherungsvertretung, die ich von meinem Vater übernommen habe. Ich will aber nicht abstreiten, dass auch noch einiges an Vergnügen dazukam, Kino, Konzert und so weiter. Aber das ist auch das einzige, was einem heute noch Freude bereiten kann. Alles andere ist trostlos und wird wohl noch trostloser werden. So ist zum Beispiel seit einigen Tagen der Straßenbahnverkehr wieder unser Sorgenkind, schlimmer noch als im Vorjahr; wenn die Ausfälle im augenblicklichen Umfang weitergehen, haben wir in sechs Wochen keine Bahn mehr, da ja kaum Reparaturmöglichkeiten bestehen – das heißt, sofern die Bahnen überhaupt fahren und nicht streiken. Das war nämlich vorige Woche so: Als man einige Schaffner der Linie 8 verprügelte, fuhr drei Tage lang keine Bahn mehr Richtung Weiden und die F nur bis Melaten! Strafe für das böse Publikum, das mehr als nervös ist. Nun haben die Linien 13 und L wegen Wassermangels bereits den Betrieb eingestellt, während die F mit einer Diesellok durch Kölns Straßen geistert. Ich seh dem Winter mit Grausen entgegen … ¶

Aus diesem trüben Dasein hilft uns nur mal wieder die Kunst. Heute abend war es Shakespeares »Der Widerspenstigen Zähmung«, in der René Deltgen die tobende Hauptfigur spielt. Es gab viel zu lachen. ¶

Damit auch die eigenen Knochen nicht einrosten, schwinge ich sonntags immer mal wieder das Tanzbein, in einer Tanzschule in Junkersdorf. Ein öffentliches Tanzlokal ist im Allgemeinen in Köln nicht zu empfehlen: wüstes Gedränge, Schwarzpreise, Huren und Zuhälter sind dort zu finden, aber kein Tanzen. ¶

Die Zahl der Straßenbahnen, die den Kölnern das Leben ein wenig erleichterten, blieb lange gering.

Köln, den 27. Oktober 1947

–

Sehr geehrter Monsieur Gorius! ¶

Es freut mich, dass ich mit Ihnen auf entmilitarisierter Basis korrespondieren kann – und dass Du, lieber Engel, Dich nun wieder als einigermaßen freier Mensch bewegen kannst! Ich muss ja sagen, abgesehen davon, dass Deutschland Dein Heimatland ist und hier Eltern, Verwandte und Bekannte wohnen, versäumst Du nicht viel. Armut und Mutlosigkeit sind die Faktoren, die die meisten Menschen beherrschen. Und sie haben auch Grund dazu. ¶

Mir geht es weiterhin den hiesigen Umständen entsprechend. Ich bin oft unterwegs, morgen z.B. nach Stommeln; dort werde ich etwas Gemüse bekommen. Vor einigen Tagen war ich in der Gegend von Düren, wo ich einen Freund aus der Kompanie wohnen habe. Da der Zug, den ich zur Rückfahrt benutzen wollte, ausfiel, war ich gezwungen, die Strecke von etwa 30 Kilometern mit dem Rad zu fahren. Und das ist mittlerweile ein alter Schlitten geworden, mit schlechter Bereifung, schlechten Kugellagern und so weiter. Ich geriet in die Dunkelheit des Abends, unterwegs brach der Gepäckständer unter der Last der erhamsterten Möhren, die Luft verließ, was sie seltsamerweise sonst nie tut, den Reifen und ich saß ohne Beleuchtung auf der Straße. Die Strecke von Großkönigsdorf bis hierher war ein Martyrium, man merkt doch erheblich, dass vor allem das Fett in der Ernährung fehlt, denn sonst hätte ich trotz der Panne die Strecke ohne Weiteres geschafft. ¶

Vom Kölner Schlachtfeld, den Straßenbahnen, gibt es auch wieder einiges zu berichten. Zu den neuesten Ereignissen gehört die Messerstecherei zwischen einer Schaffnerin und einem Passagier auf dem Ring. Der Erfolg davon: Streik der Bahn für einen halben Tag. Schlägereien zwischen Schaffner und Publikum gehören zur Tagesordnung, wie auch die abendlichen Überfälle in unbewohnten, aber auch bewohnten Gegenden auf harmlose Zivilisten zunehmen. Neben Wertsachen und Brieftasche ist jetzt auch der Wintermantel, so man hat, sehr begehrt. ¶

Köln, den 8. November 1947

Lieber Engel! ¶

Aus dem trüben Novemberleben einer zerstörten Großstadt sende ich Dir diesen Brief. Es herrscht richtige Novemberstimmung, neblig, nasskalt, dunkel – mit einem Wort: ungemütlich. Zu Hause ist es dann am besten auszuhalten. Das Radio spielt zur Unterhaltung. Auch der Ofen ist gottseidank nicht kalt. Der Magen ist, von Brot zwar nur, einigermaßen zufrieden, aber nur deshalb, weil er Gutes gar nicht mehr gewöhnt ist. Trockenes Brot ist außer Sonntag und vielleicht noch Montag Morgen, so lange das halbe Glas Marmelade reicht, an der Tagesordnung. Fett ist als Brotaufstrich noch seltener. Und Wurst? Vielleicht alle paar Wochen mal eine Scheibe. Na ja, man muss zufrieden sein, dass es mit dem Brot nicht mehr so knapp ist, wie es schon einmal war. Hoffentlich kommt diese Zeit nicht wieder; ich glaube, dann wird es mit der Arbeit vollkommen aus sein. ¶

Bei uns kommt noch hinzu, dass meiner Mutter gestern eine ungebrauchte Lebensmittelkarte für vier Wochen abhanden gekommen ist. Wie, ist uns selbst nicht klar. ¶

Ein Lichtblick ist die Renovierung unseres Schlafzimmers, das diese Woche gestrichen wurde. Es war das Zimmer, das 1945 am meisten zerstört war. Ein Blindgänger hatte den Boden und die Decke zerschlagen, die Sonne schien ins Zimmer oder der Regen machte uns zu schaffen. ¶

Die Wände waren durch Splitter stark beschädigt und die Decke und die Tapeten durch Feuchtigkeit alles andere als schön. Von der Reparatur des Bombenlochs schrieb ich Dir wohl schon vor einiger Zeit. Jetzt wurde alles verputzt und dann die Wände mit Leimfarben, der üblichen Methode entsprechend, gestrichen. Für Tapeten hatten wir leider nicht die notwendige Menge Altpapier. Aber so sieht es vor allem ordentlich und sauber aus. Nun muss noch der Parkettboden abgezogen werden und Glas in die Türen kommen, danach ist alles wieder im alten Zustand und bis auf ein Zimmer die ganze Wohnung hergerichtet. Natürlich nicht 1a Friedensstandard, aber doch nicht mehr die Bruchbude, wie man manchmal unsere Behausung zu bezeichnen nicht umhin kam. ¶

In der Eigelsteintorburg sah ich heute eine Lichtbildausstellung: »Köln, Tragödie einer Stadt«. Viele Bilder eines Fotografen, die dieser während und nach den Luftangriffen und vor allem jetzt, nach dem Krieg, hergestellt hat. In künstlerisch vollendeter Form, trotz der durchweg grausigen und schaurigen Bilder, wird einem da noch einmal die ganze damalige Zeit vor Augen geführt. Zum Beispiel die Falkenburg in Lindenthal nach dem 30.10.1944, oder die Aachener Straße nach einem Tagesangriff, ein Bild nach der Entwarnung, das brennende Köln nach dem 29.6.1943 (von der Bachemer Straße aus gesehen), brennende Kirchen in der Nacht vom 31.5.1942. Diese Zeit ist uns mittlerweile doch ziemlich fern, die Trümmer sind uns zur Alltagserscheinung geworden, alt und teilweise mit Unkraut zugewachsen, während damals die Wunden gerade frisch aufgerissen waren. Kondensstreifen erinnern an den letzten, aber schwersten Angriff auf Köln, am 2.3.1945, der unsere ganzen schönen Bauwerke (St. Aposteln, Maria im Kapitol, Groß Sankt Martin) restlos vernichtete. Und dann die Ausblicke über die Ruinen hinweg auf die erhabene Schönheit des Domes. Du kannst mir glauben, dass es mir kalt den Rücken herunterlief, obwohl dies doch nur Fotografien sind. Ja, es ist wirklich eine Tragödie, bei der nach heutigen Schätzungen 50 – 70.000 Menschen dieser Stadt ihr Leben lassen mussten. ¶

Dr. Hans Schmidt-Rost, Pressesprecher der Stadt Köln, eröffnet die Ausstellung »Tragödie einer Stadt« mit Fotografien von Hermann Claaßen.

Köln, den 16. November 1947

Lieber Engel! ¶

Vielen Dank für Deinen letzten Brief vom 2.11.1947, der mich dieser Tage erreichte. Ich glaube aus diesen Zeilen, wie auch aus dem ersten »freien« Brief zu ersehen, dass Dein geistiger Zustand ein anderer geworden ist. Nicht dass Du meinst, ich würde dich für »jeck« halten, sondern ich meine, dass aus Deinen Zeilen ein anderer Lebensmut spricht. ¶

Von Deinem ersten Lohn, der Dir leider zu schnell ausgegangen ist, hast Du Dir ja bereits Dinge anschaffen können, für die wir hier etliche Tausend Mark blechen müssen. Zwei Paar Schuhe à (immer billige Preise gerechnet) 1500 Reichsmark, 5 Hemden à 300 Reichsmark, 4 Paar Strümpfe à 100 Reichsmark, 1 Hose à 500 Reichsmark, pro Woche 100 Zigaretten, das Stück 3 Reichsmark – macht zusammen die schöne Summe von 6600 Reichsmark!!! Du bist also nach hiesiger Währung der richtige Schwarzhändler, oder aber wir sind »janz ärm Söck«! * Ich glaube, letzteres trifft eher zu. Die starke Raucherei kann ich mir schon vorstellen, ich bin mangels Masse von diesem Übel verschont geblieben, weiß aber, dass ich, wenn es genug gäbe, auch dieser Leidenschaft frönen würde. Aber die Selbstzucht und was es sonst hier an Blättern zu rauchen gibt, kann mich nicht reizen. Und Amis oder andere Zigaretten (zu 6 bzw. 2,50 Reichsmark) kann ich mir nicht leisten. Denn ich maggele nicht, wüsste auch nicht womit, und wenn ich nebenbei verdienen würde,

* ganz arme Socken

käme es für Essen oder Bekleidung in Frage. Beispielsweise geht jetzt meine Ersatzunterhose wohl endgültig in die Binsen, nachdem sie so lange wie möglich geflickt wurde. Ersatzbeschaffung ca. 150 Reichsmark, für mich über einen Monat Arbeit. ¶

Die Lebensmittellage ist zur Zeit erträglich, da genügend Brot vorhanden ist und auch noch einige Kartoffeln. Mit Fleisch oder Fett oder sonstigem Brotaufstrich geben wir uns seit Langem nicht mehr ab. Altmodisch! Trocken Brot macht Wangen rot, oder: Trocken Brot macht Menschen tot. Man kann sich das Schönere von beidem aussuchen. Ich ziehe Ersteres vor. ¶

Umso mehr soll man sich in der heutigen Zeit dann freuen, wenn es auch mal Abwechslung von diesem Vegetieren gibt. Und diese Gelegenheit war für die Kölner am vergangenen Dienstag, dem 11. 11.! Ich war zu einer kleinen Gesellschaft eingeladen, die sich beim Tanzen in Junkersdorf kennen gelernt hatte. Die Gastgeber, Apotheker, hatten von Berufs wegen genügend Alkohol. Wundervolle Liköre, Schnaps und vieles mehr erfreuten die durstige Kehle. Dazu ein herrliches Abendessen, zu dem wir allerdings jeder durch Markenabgabe zugetragen haben. Schallplatten und Klavier sorgten für die richtige Musik, Tanz und humoristische Vorträge, neben dem Alkohol, für die richtige Stimmung. Morgens gegen 6:00 Uhr schwankte ich Richtung Heimat und war für den folgenden Mittwoch kampfunfähig. ¶

Köln, den 4. Dezember 1947

Lieber Engel! ¶

Nachdem ich nun schon einige Zeit wieder vorhatte, Dir zu schreiben, aber dann doch nicht dazu kam, will ich mich heute daran setzen. ¶

Das Leben hier läuft nach seinem alten Tritt. Wir freuen uns, dass es noch nicht allzu kalt ist; Schnee haben wir zwar schon vor vierzehn Tagen gehabt, aber der blieb nicht lange liegen. Im Moment liegt die Temperatur etwas über 0 Grad. ¶

Weniger schön ist die frühe Dunkelheit, vor allem deswegen, weil die Glühbirnen selten geworden sind. Bei uns zu Hause sind zwar noch einige Lampen in Betrieb, aber auf dem Amt zum Beispiel haben wir kein Licht. In den Straßenbahnen bleibt der Laden dunkel und Straßenbeleuchtung gibt es wegen Glühbirnenmangels auch nicht. Nur wer kompensieren kann, kennt solche Sorgen nicht. Dieser Tage ist auf dem Hohenzollernring ein Geschäft neu eröffnet worden, in dem es eine Reihe großer Leuchten gibt. Auch sonst ist es ein riesiger Laden, friedensmäßig eingerichtet, Teppichgeschäft und Stopferei, eine Branche also, in der heute die Tausender rollen. ¶

Überhaupt kann man sagen, dass die Geschäfte, die jetzt eröffnen, oder auch die Restaurants, alle sehr schön und geschmackvoll eingerichtet sind. Auf der Mommsenstraße am Sülzgürtel haben das Mommsenbad und ein Herren- und Damen-Salon aufgemacht, wie man es früher selten zu sehen bekommen hat. ¶

Heute war ich seit längerer Zeit einmal wieder in der Stadt und sah dort auch viele neue Geschäfte. Die Hohe Straße, die Schildergasse, Straßen, die vor einem Jahr noch kaum begangen waren, wimmeln jetzt wieder vor Menschen. ¶

Das kommt natürlich auch durch das Weihnachtsgeschäft, das seit einigen Wochen läuft. Frage mich aber nicht, was es da zu kaufen gibt! Schund und Kitsch ist für die meisten Dinge noch eine zu gute Bezeichnung! Etwas Vernünftiges habe ich kaum gesehen, und wenn, dann zu entsprechenden Preisen, 50 – 100 Reichsmark für Dinge, die früher 1 Mark kosteten, sind keine Seltenheit. Eine Preissteigerung ist ja in fast allen europäischen Ländern zu finden, aber hier ist es so, dass noch ein allgemeiner Lohnstopp besteht und so die Preise mit den Löhnen keineswegs zu vergleichen sind. Welche Folgen aus dieser herrlichen Wirtschaftslage nach einer Währungsreform entstehen, bleibt abzuwarten. ¶

Köln, den 16. Dezember 1947

Lieber Engel! ¶

Sei herzlich bedankt für Deinen letzten Brief vom 26.11.1947, der nun schon einige Zeit unbeantwortet in der Brieftasche schlummerte. Den guterhaltenen Inhalt habe ich sofort in die Luft gehen lassen! ¶

Heute ist unsere heißersehnte neue Küche gekommen, die uns mein Onkel besorgt hat. Auf normalem Wege ist an so etwas nämlich gar nicht heranzukommen, oder man muss 4–5000 Reichsmark dafür zahlen. So siehst Du also, dass es bei uns langsam wieder etwas normaler wird. In den nächsten Monaten hoffen wir noch auf einen neuen Kleiderschrank. Hätten wir nicht unsere Verwandten im Sauerland, so wären wir genauso armselig dran wie vor drei Jahren auch. Unsere Einkellerkartoffeln sind ebenfalls gekommen. So hat wenigstens hier die Not vorläufig ein Ende gefunden, denn Kartoffeln und Brot sind doch die Hauptbestandteile der Ernährung; schade, dass Fett und Fleisch noch knapper sind als im vorigen Jahr. ¶

Derart beschädigte Häuser bewohnbar zu machen, war in den ersten Nachkriegsjahren ein Hauptproblem.

Köln, den 28. Dezember 1947 --

Lieber Engel! ¶

Zum letzten Male in diesem Jahre richte ich meine Zeilen an Dich. Ich blättere eben in den alten Briefen herum, die ich Dir geschrieben habe, denn ich habe mir von jedem einen Durchschlag angefertigt. Sie werden später für mich ein interessanter Einblick in die heutige Zeit sein. ¶

Leider hat sich die Hoffnung auf Deine Rückkehr in diesem Jahr, die ich im letzten Jahr aussprach, nicht erfüllt. ¶

Aber nun ist diese Ungewissheit für Dich ja gottseidank so ziemlich vorbei. September 1948 oder ??? Hoffen wir, dass zu den vielen Terminenttäuschungen keine weiteren kommen. ¶

Nun will ich Dir aber von unserem Weihnachten berichten. Werner hatte sein Kommen für Dienstagabend (23. 12.) angesagt, aber da er an diesem Tage an seinem Theater noch eine Oper dirigieren musste, konnte er erst am 24. mittags kommen. Damit war die Familie dann vollständig und die Feiertage konnten beginnen. ¶

Eine reichlich gedeckte Tafel zum Abendtisch machte den Auftakt, anschließend saßen wir bei Kerzenschein und schöner Musik im Weihnachtszimmer beisammen und jeder erfreute den anderen mit kleinen Geschenken. Um 23:00 Uhr zogen wir durch

Für den Wiederaufbau der Stadt wurde jeder halbwegs brauchbare Ziegelstein mühselig aus den Schuttmassen geborgen – auch Kinder mussten mit anpacken.

Die völlig zerstörte Hohestraße bot genug Platz für die ersten Verkäufer.
Im Hintergrund die Reste des Rathausturms.

den wenig schönen Regen nach Hohenlind. Die Metten begannen um 23:30 Uhr. Danach folgte das feierliche Hochamt. Um 2:30 Uhr waren wir wieder zu Hause. Aber schon um 7:30 Uhr morgens war alles zum Kaffee versammelt. Auch hier gab es wiederum die Freude für den Magen, der trotz allem für das Allgemeinbefinden immer eine entscheidende Rolle spielt. Eine Sendung Kerzen meines Onkels brachte auch in diesem Jahr die Möglichkeit, der alten Tradition entsprechend das elektrische Licht für diese Tage aus dem Zimmer zu verbannen. ¶

Den Mittagstisch zierte ein fetter Stallhase, den uns Bekannte verehrt hatten. Auch sonst war alles, außer einem Gläschen Wein, vorhanden. Für größere Quantitäten hatte daher der Magen nicht viel übrig – denn viel Fett und Fleisch entsprechen keineswegs der täglichen Gewohnheit. Ein kleiner Mittagsschlaf musste den nachts ausgefallenen Schlaf ersetzen, und dann ging es weiter. Nachdem unsere Etagennachbarn uns etliche Stücke Kuchen verehrt hatten, gingen wir zum Grab meines Vaters und von dort zu Verwandten, die uns einen neuerlichen Kuchentisch vorsetzten. Kuchen war man ungefähr satt, aber der schöne Bohnenkaffee und die Cigaretts waren auch nicht zu verachten. Am 2. Feiertag saßen wir am Vormittag gemütlich beisammen. Nach dem Kaffee wollte ich einen Freund in Klettenberg besuchen, aber der war nicht zu Hause. Umsonst war ich aber trotzdem nicht nach Klettenberg gegangen, denn dort wohnen noch Bekannte der holden Weiblichkeit, bei denen ich zum Kaffee eingeladen war. Hier waren als Besonderheit Schokolade und Likör zu vermerken, sowie Schinkenbutterbrote. Mein nicht allzu ausgiebig geplanter Besuch wurde verlängert, da sich dort nach und nach unser »11er Klub« zusammenfand. Diesen Klub von 12 Personen hatten wir am 11. 11. 1947 gegründet, als Bekanntschaft der Tanzstunde. Da in Klettenberg unsere Alkoholquelle (s. Likör) in Gestalt einer Apotheke sitzt, fandest Du mich schäbigen Materialisten dort. Ich hoffe, Du denkst nun nicht, ich sei vollkommen unter die Räder geraten. Aber man soll sich die Zeit doch schließlich so schön wie möglich machen. Wir sind noch jung und haben leider noch viel zu wenig von unserer Jugend gehabt. ¶

Zu Silvester wird nach dem Besuch einer Operetten-Uraufführung wohl auch noch ein gemütlicher Abend starten. Ein geplanter Kostümball der gesamten Tanzschule, der am 11. 1. vorgesehen war, muss leider ausfallen. Muss ich mein Kostüm – Frack, weißes Hemd mit Vatermörder, rote Krawatte, Schlauchhose, weiße Handschuhe und Zylinder – eben ein anderes Mal ausführen. Noch ist Karneval nicht vorbei! ¶

Köln, den 6. Januar 1948

Lieber Engel! ¶

Das Tagesgespräch ist derzeit, vielleicht ist durch die Zeitung die Kunde auch schon zu Dir gedrungen, das Hochwasser des Rheins, der uns in dieser Woche einen üblen Streich gespielt hat. Während am Sonntag, dem 28. 12., das Wasser mit 6 Metern noch keinen besorgniserregenden Stand zeigte, stieg es bis Mittwoch morgen, also innerhalb von 72 Stunden, auf über 9 Meter, einen Wasserstand, den wir seit 21 Jahren in Köln nicht mehr hatten. Am 2. Januar morgens hatte der Pegel mit 9,41 Metern seinen Höchststand erreicht. Der gesamte Hafen stand unter Wasser, viele Gassen in der Altstadt ebenfalls. ¶

Mit Kähnen suchte man noch zu retten, was ging. Durch die plötzliche Überflutung war die rechtzeitige Räumung verschiedener Lagerhallen nicht möglich gewesen. Viele Tonnen Milchpulver, Zucker, Mehl und Baustoffe (Zement etc.) sind verdorben. Untersuchungen über die Schuldigen sind im Gange. Es wird vermutet, dass zum Teil die Spediteure die Rettung verzögert haben, um auf diese Weise durch Schieberei entstandene Mankos vertuschen zu können und ansonsten ihr Geschäft herauszuschlagen. Bemerkenswert ist, dass laut Zeitungsmeldungen der Schwarzpreis für Milchpulver von 60 Reichsmark auf 35 Reichsmark pro Pfund gesunken ist! Unser Finanzamt, das ja direkt am Rhein liegt, war zwar noch zu erreichen, aber die Keller waren bis zur Decke mit Grundwasser vollgelaufen, und nun, da die

Fluten zurückgegangen sind (Wasserstand zur Zeit ca. 6 Meter) ist ein furchtbarer Schlamm dort zurück geblieben. ¶

Als Gründe für diese Katastrophe werden verschiedene genannt. Durch das warme Wetter um Weihnachten herum, es herrschten etwa 8 – 12 Grad, und die starken Regenfälle ist eine für diese Jahreszeit ungewöhnliche Wasserfülle entstanden, die durch die Regentage der Woche vor Silvester nicht geringer geworden ist. Ganz merkwürdig ist auch die Tatsache, dass am 6. 11. 1947 der Rhein mit einem Pegelstand von unter 0,50 m die seit genauen Aufzeichnungen überhaupt bekannte geringste Tiefe hatte (der Hafen lag zum großen Teil versandet, die Schifffahrt war eingestellt) und so innerhalb von acht Wochen ein Anstieg von über 8,50 m zu verzeichnen ist. Du siehst, wir leben in einer vollkommen verrückten Zeit! Im letzten Winter ging es mit der furchtbaren Kälte los, die bis Ende März anhielt, darauf kam ein völlig vertrockneter und seit Jahrzehnten nicht erlebter heißer Sommer, und nun nach dieser Dürrezeit das Hochwasser. Welche Kuriositäten werden uns in diesem Jahr noch bevorstehen? ¶

Durch den Betrieb der letzten Woche kamen das Neujahrsfest und der Silvesterabend etwas zu kurz. Manche hatten das Vergnügen, in ihren Wohnungen diese Tage etwas sehr feucht zu begehen. Ich hatte mir etwas anderes überlegt. Durch einen Bekannten hatte ich vier Karten für die Uraufführung der Operette »Die Nachtigall« bekommen können. Den Text schrieb, nach einem Märchen von Andersen, der Kölner Schauspieler Herbert Hennies. Die Musik stammte von dem Operetten-Spaßmacher

Zu allen Übeln der Nachkriegszeit kam auch noch ein Hochwasser des Rheins.

Hans Schanzara. Unglücklicherweise war der männliche Hauptdarsteller nicht in der Lage, aufzutreten, da man aber die Gäste nicht enttäuschen wollte, sprang der Regisseur, selbst ein Tenor, ein und bewältigte die Sache, zwar mit ständiger Hilfe des Rollenbuches, doch recht gut. Das Publikum hatte sich einer Uraufführung und des Silvesterabends entsprechend gekleidet. Und so erschienen einige Damen in langen Kleidern und die Herren im schwarzen Anzug. Dazu war die Uni geheizt, sodass man allgemein Garderobe ablegte, was in Deutschland ansonsten aus der Mode gekommen ist. Der richtige Rahmen war also gegeben. Zudem war das Ensemble ganz groß in Form (ich glaube, dass die schon vorher mal am Alkohol gerochen hatten). Bei den Tänzen, sowohl vom Ballett als auch von den Solisten, konnte man sich teilweise vor Lachen biegen. Die Begeisterung zeigte sich in etwa fünfzig Vorhängen zum Schluss, etlichen Wiederholungen auf offener Szene und riesigen Mengen Blumen. ¶

vorige Doppelseite und links:
Karneval in Köln 1946

Köln, den 24. Januar 1948

Lieber Angelbär! ¶

Mit großer Freude habe ich dieser Tage Deinen Brief vom 10.1. erhalten, in dem aus nahezu jeder Zeile Deine Vorfreude auf den Urlaub sprach. Wie Dir schon bekannt, bist Du recht herzlich nach Köln eingeladen. Du kannst so lange bleiben, wie Du willst. Wenn es Dir recht ist, werde ich Dir so viel wie möglich von Kölns heutigem Leben zeigen. Vielleicht kannst Du auch solch herrliche Tage erleben, wie wir sie zu Anfang dieser Woche hatten, als sämtliche Straßenbahnlinien drei Tage lang streikten. Einen Tag streikten aus Sympathie alle anderen Betriebe gleich mit, außer Post, Reichsbahn und – Finanz. So konnte ich also jeden Tag zwei Mal den schönen Fußmarsch zur Trajanstraße machen. Der Grund für diese Streiks ist die schlechte Versorgungslage an Fleisch, Fett und Kartoffeln. Fett haben wir seit Weihnachten oder noch früher bis gestern nicht erhalten. In dieser Woche sind nun verschiedene Notgesetze beschlossen worden, die die Lage bessern sollen. Hoffen wir, dass sie es auch tun werden! Gottseidank haben wir genügend Kartoffeln, so dass uns persönlich die Lage nicht so sehr betrifft. Aber die meisten Menschen leiden Not. ¶

Diese Zeiten, sowohl die Innenpolitik wie auch die Weltpolitik, bieten den richtigen Stoff für die Karnevalisten. Ich habe diese Woche meine Saison mit einer Sitzung begonnen. Und da wurde zu diesen Dingen genug gebracht. Das Lied vom Verein der Normalverbraucher wechselte mit dem Schlager »Mir jonn Klütte klaue«, und der Lord Pack-ens-ahn musste ebenso dran glauben wie der Hundertfuffzig-Pünder (unser OB). Dass aber auch der Ernst der Zeit nicht vergessen wird, davon zeugten einige Gedichte über das zerstörte Köln und der Zweck der Veranstaltung, deren Ertrag für die Kriegsgefangenenbetreuung zur Verfügung gestellt wird. Zum Tanz spielte ein Blasorchester Rheinländer, Walzer und Marsch mit viel Radau und Trum-bum. Der Jazz spielt im Karneval allgemein keine Rolle. ¶

Die Zahl der Karnevalssitzungen der letzten Wochen geht in die Hundert. Was es an Karneval selbst gibt, weiß ich noch nicht. Ein Umzug ist natürlich nicht möglich. Ich glaube aber, wenn die Altstadt nicht so zerstört wäre, wäre er in diesem Jahr fällig! So begnügen sich die Jecken eben mit ausgiebigen Sitzungen. ¶

Der Winter ist auch hier, wie Du von Euch berichten konntest, sehr mild. Die tiefste Temperatur, die wir bisher gemessen hatten, war –4 Grad. Dafür aber an einigen Tagen 12 oder 14 Grad über Null. Schnee ist noch nie länger als zwei Stunden liegen geblieben. Dafür gab es umso mehr Regen. Engel, ich hoffe, wir können uns in drei Wochen ausgiebig persönlich unterhalten!!! Und darum sei dies der letzte Brief meiner ersten Serie. Ich wünsche Dir eine recht gute Reise nach Hause und erwarte Deine nächste Post mit dem Poststempel von Honnef. ¶

Alles Gute
Dein Paul ¶

Am 20. Juni 1948, dem Tag der Währungsreform, bildeten sich lange Schlangen vor den Umtauschlokalen, wie hier vor dem provisorischen Rathaus.

Am 15. August 1948 feiern die Kölner das
700-jährige Jubiläum der Grundsteinlegung
ihres Domes, der zu diesem Anlass
fast wieder in altem Glanz erstrahlt.

Köln, 4. Juli 1948

Lieber Engel! ¶

Seitdem ich Dir zuletzt schrieb, haben sich große Dinge ereignet. Es wird wohl auch an Dein Ohr gedrungen sein, dass hier die Währungsreform vonstatten gegangen ist. Dieses Ereignis, auf das wir über drei Jahre gewartet haben, hat uns mit einem Schlag einen großen Schritt ins normale Leben tun lassen. Über Nacht füllten sich die Läden! ¶

Die Wirtschaftsbürokratie gab sich einen mächtigen Stoß und viele Dinge von der Bewirtschaftung frei. So vor allem Haushaltswaren (Töpfe, Bestecke, Porzellan), Filmstreifen, neue, fahrende Autos, Radios und Ersatzteile, Lederwaren – außer Schuhe –, Obst, Gemüse und Eier. Auf der diesmonatigen Lebensmittelkarte gibt es zwei Punkte, acht Punkte ergeben ein Paar Schuhe. Meine Punkte, die meines Bruder, meiner Mutter und dazu zwei geliehene führten zu der Tatsache, dass ich heute ein Paar neue Schuhe an den Füßen habe (25 DM). Von nun an folgen monatlich vorerst 20 Punkte (20 Punkte: ein Hemd, 135 Punkte: ein Anzug.) Da die Preise ziemlich hoch sind und das Geld sehr knapp bemessen ist, heißt es aufpassen! Ich hoffe, die Wirtschaft wird durch die starke Gründung der Reform angeworfen sein und so zu einem weiteren Schritt ins normale Leben zurückführen. Es kommt einem seltsam vor, wenn Obst und Gemüse in den Läden liegt und keine Schlangen davor stehen, ja, wenn die ersten Wochenmärkte wieder in der Stadt abgehalten werden.

Im Geiste sehe ich schon die Gleueler Bauern auf dem Gürtel-Markt, der jetzt entschuttet wird, sitzen und ihre Ware anbieten. Ja, es ist toll, wie sich das Leben verändert hat! Der schwarze Markt hat sich aufgelöst. Einige wenige versuchen noch das Geschäft. Aber die Polizei greift ein – jetzt tatsächlich. ¶

Von Nachteil ist natürlich, dass der größte Teil des ersparten Geldes zum Teufel gegangen ist. Aber da wir noch jung sind, ist es für uns weniger schlimm als für viele alte Leute. ¶

Das kulturelle Leben hat natürlich einen schweren Schlag erhalten. Mit Übergangspreisen von 0,30 – 3 DM kann das Theater nicht leben. Gut, dass ich für die Konzerte im Brühler Schloss noch ein Abonnement habe; heute hatte ich wieder Freude an der schönen Musik Bachs und Mozarts im wunderbaren barocken Treppenhaus. ¶

Lieber Engel,
sei herzlich gegrüßt von Deinem in Eile befindlichen

Paul ¶

Rasanter Ausbruch in eine neue Zeit – ein Autorennen
auf dem »Kölner Kurs« am Bonner Verteilerkreis.

REGISTER

BILDNACHWEIS

Walter-Dick-Archiv (Dietrich Maguhn), Köln:
S. 27, S. 29, S. 32, S. 33, S. 36l, S. 37, S. 38, S. 39, S. 42, S. 44, S. 49, S. 50, S. 57, S. 58, S. 62, S. 66, S. 72, S. 73, S. 74, S. 75, S. 78, S. 96, S. 100, S. 101, S. 109, S. 111, S. 113, S. 125, S. 130, S. 138, S. 139, S. 148, S. 151, S. 155

Bilderbuch Köln, Köln:
S. 26, S. 36r, S. 86–87, S. 94, S. 116, S. 120–121, S. 136, S. 144, S. 152

Köln-Archiv Lambertin, Köln:
S. 35, S. 40, S. 81, S. 99, S. 110, S. 146–147

S. 4, 5: P. Haentjes Köln, S. 6, 7: Engelbert Gorius
S. 68: Haus der Geschichte Bonn, S. 82: Rheinisches Bildarchiv Köln

IMPRESSUM

www.edel.de
1. Auflage 2010

Herausgegeben von Dorothee, Mathias, Andreas und Michael Haentjes

Projektkoordination: Dr. Marten Brandt
Gesamtgestaltung, Satz und Herstellung: Groothuis, Lohfert, Consorten, Hamburg | www.glcons.de
Umschlagabbildung: Paul Haentjes, privat
Druck und Bindung: optimal media production GmbH, Röbel / Müritz

EDEL : PLATINUM. SUPERVISED BY STEIDL

Printed in Germany

ISBN 978-3-941378-78-0